中公文庫

夜ふかしの本棚

朝井リョウ／円城　塔
窪　美澄／佐川光晴
中村文則／山崎ナオコーラ

中央公論新社

目次

“自分”がいやになったら　11

共感できなくたっていい　37

世界を旅して〝人〟に会う　53

ただただ笑いたい　73

大人の機微にグッとくる　87

生きる意味を問いたい夜に　103

やわらかい知性　123

〝戦争〟がここにある 145

ふいに染みてくる本 161

なぜ本は生まれるか　177

あとがきにかえて　本にまつわるQ＆A　205

夜ふかしの本棚

〝自分〟がいやになったら

人生を照らす読書体験　朝井リョウ

『一瞬の風になれ』佐藤多佳子著

——「新二も走る？」連は俺に尋ねた。あまりに何気なく聞かれて、一瞬意味がわからなかった。次の瞬間、何か強烈な熱い風を胸に吹き込まれた気がした。

まだたった二十六年しか生きていませんが、一番好きな作品を選べと言われたら、私は『一瞬の風になれ』を選びます。本屋大賞まで獲《と》った有名な作品をわざわざあらためて紹介しなくても、と言われようが構いません、この本を読んだときに得た感覚をひとりでも多くの人に味わっていただきたいのです。読書って、楽しい！　本って、すごい！　高校生だった私は読後、純度一〇〇パーセントでそう思いました。飲み下した文章たちが体中を飛び跳ねまわり、泣いていいのか笑っていいのかわからなくなるほど興奮したのです。幸せでした。これが読書から得る幸福なのかと叫びたくなりました。

主人公は、これまではサッカーに明け暮れていた高校一年生の神谷新二。新二の周りには、二人の天才がいます。サッカー選手の兄・健一と、短距離走者の親友・連。そんな天才二人に囲まれた新二が神奈川県のとある高校の陸上部に入部してからの三年間を描いた物語です（全三巻を一気読みしたあとは、著者の佐藤多佳子さんが陸上競技に密着して執筆したノンフィクション『夏から夏へ』〔集英社文庫〕も続けて読むことをおすすめします）。

高校生の三年間の物語ということで、たくさんの登場人物が出てきます。先輩、後輩、女子部員、他校のライバル、顧問の先生……メインキャラクターのみでざっと十人は超えるのですが、著者による丁寧な人物描写により、いつのまにか、その全員分の人生が私たちの体の中に注がれていきます。読み進めていくうち彼ら全員の感情が自然と積み重なっていき、最後の巻に辿り着いたころには、私たち読者の心は表面張力でどうにか弾《はじ》けないで済んでいるような状態になっているはずです。ここまで多くの人の人生を経験させてくれる本は、そうそうありません。私はいつもこの本を読み返す前、自分の心に余力があるかどうか確認しています。

また、本を読んでいると、眼球を丸洗いされるというか、見ている景色が様変わりする瞬間が何度かあります。私にとってそのうちのひとつが、「おそらく、今後の人生のあらゆる局面で何度も何度も思い出すことになるだろう一行」に出会った瞬間なのですが、この小説の最後の一行を読んだときに私は、高校生ながら、その一行を一生覚えているだろう、その一行に自分の人生は何度も照らされるだろうと確信しました。まるで魔法の呪文のように、倒れかける私を何度も支えてくれる言葉になるだろうと。

物語そのものに励まされ、言葉そのものに魅了され――みんなに配って歩きたくなるくらいの、幸福な読書体験になるはずです。

二〇〇六年に講談社より書き下ろしで刊行、全三巻。高校で陸上をはじめた主人公の青春を躍動感をもって描き、吉川英治文学新人賞、本屋大賞を受賞。現在は講談社文庫でも読むことができる。

最強の「中二病」小説　中村文則

『人間失格』太宰治著

――「ワザ。ワザ。」自分は震撼しました。ワザと失敗したという事を、人もあろうに、竹一に見破られるとは全く思いも掛けない事でした。

若い人たちの間で、「中二病」という言葉がある。思春期的な考え方、思いなどを揶揄《やゆ》する言葉として、定着しつつある。

それを聞いた時、今の若い人たちはかわいそうだと思った。自己の存在への悩み、社会と自分とがしっくりこない悩みを人に打ち明けても「中二病じゃん」と切り捨てられてしまうかもしれない。まるでそうやって考えること自体が恥ずかしいことであるかのように。

思春期とは、大昔からどの時代の人間にもあったことで、人間の成長過程において必要な時期。成長していくにつれ、社会のありように疑問をもち、自分の存在について考え、そして大人になるにつれそれとの折り合いを——しかしその一部は残る——つけていく通過儀礼だ。大人になっても残る思春期的なものの多くは、人の弱さを認めていく優しさにもつながっていく。

太宰治（一九〇九〜四八）の『人間失格』は、最強の「中二病」小説かもしれない。自意識と、他人への恐怖に苦しめられる男の人生記。僕は高校生の頃、他人（クラスメイト）たちが一つの教室に決められた時間に集まることに突然気持ち悪さを感じて、学校に行けなくなったのだけど、その時にこの小説を読んだ。読みながら僕は、「ここに書かれているのは僕だ！」という、『人間失格』を読んだ読者にとって典型的な反応をすることになった。悩んでいるのは自分だけではない、と思える感覚。

確かに、人間とは何か、みたいなややこしいことを考えるのには、精神的な体力がいる。もしかしたら、若い人たちの中で、こういうややこしいことを考える精神的な体力のない人たちが増えていて、その結果「それ中二病じゃん」と切り捨てる風潮があるのだろうか。違うとは思うけど、もしそうだとしたらなかなか大変なことだ。

この本が嫌いという意見もよく聞くが、まあ文学なので、好き嫌いというよりも「なるほど、こういう考え方もあるのか」というふうに読んだ方が他者への想像力を養うことができる。今の若い人たちも、友人から「中二病じゃん」と言われても、そっと隠れて本を開いて、ちゃんと自分の精神に滋養を与える時間を確保してほしいなと思う。自分の内面まで他人に合わせる必要はない。その方がきっと面白い人間になれる。

一九四八年雑誌『展望』に連載、同年筑摩書房より刊行。著者は作品完成後、愛人と心中死した。社会生活になじめず自らを「人間失格」としたある男の手記を作者が紹介する形式ですすむ。現在は、岩波文庫、新潮文庫、角川文庫など各社の文庫で読むことができる。

抱腹絶倒　ああ、学生時代

『どくとるマンボウ青春記』 北杜夫著

佐川光晴

——カントを読んではいよいよ最大限にびっくら仰天した。なんとなれば、書いてあることが神明にかけて理解できなかったからだ。そのくせ私は、「カント曰く」などと言うようになった。

わたしは親に相談をしたことがない。父も母も指図や説教をするタイプではなかったので、どこでどう生きていくかは自分で決めるものだと思っていた。高校二年生の夏には大学進学を機に家を出ようと決意して、どうせなら遠くがいいと北海道大学を目ざすことにした。仕送りは期待できなくても、学生寮に入れば、奨学金とアルバイトでどうにかやっていけるはずだと考えたのである。

わたしは自分の志望を両親に話した。すると父が文庫本をくれて、それが『どくとるマンボウ青春記』だった。まさに人生を変えた一冊なのだが、今回ほぼ三十年ぶりに読み返して、わたしは高校生のときと同じくおなかがよじれるほど笑い、おかしさのあまり涙を流した。

作者の北杜夫《きたもりお》（本名・斎藤宗吉、一九二七〜二〇一一）は歌人・斎藤茂吉の次男であり、『青春記』の舞台である旧制松本高等学校に入学したのは敗戦の直前だった。学校が再開されても授業はなく、思誠寮《しせい》でくらす学生たちは飢えをしのぐために奮闘する。のちには留年をまぬがれるために必死に知恵をしぼる。

それらのバカバカしくも健気《けなげ》な騒動の数々を記す作者の筆は冴えに冴えている。読書にしても、「それがおもしろかったから読み、素晴らしかったから読み、何が何やらわからないから驚嘆して読んだ」。「無目的の読書のほうが、ぞんがいその人間を豊かにする」と四十歳になった北氏は書く。

わたしは一九八三年四月に北大に入り、恵迪寮《けいてき》での読み飲み語る友情に溢れた生活を満喫した。もちろん悩みも深かった。浮世離れのした寮生活での喜びが大きければ大きいほど、世の中に出てゆく不安も強まるからだ。

北氏にも松本を去る日が訪れて、汽車に乗り、信州の山々に別れを告げる。「それは否応なしに別れざるを得ない青春——当時はそういう言葉を使う気がしなかった。ただ、痛切な追憶のぎっしりつまった何ものか、という感じであった——の最後のなごりのような気がした」

しかし、高校生のわたしに青春の終わりを迎えた者の悲しみがわかるはずもなかった。勇んで北海道に渡ったわたしは、恵迪寮の仲間たちとともに、われわれなりの痛切きわまりない経験をした。

『どくとるマンボウ青春記』に共鳴する若者はこれからも絶えないだろう。誇り高くあろうとする者たちに幸あれ！

『婦人公論』一九六七年六月号〜六八年三月号に連載（末尾三章は書き下ろし）、単行本は六八年に中央公論社より刊行。現在は新潮文庫で読むことができる。多様な作風の小説家、精神科医であった著者による「どくとるマンボウ」シリーズはユーモラスなエッセーで他にも多数ある。北杜夫の小説については一五二頁も参照。

十代の心にぴったり

『フラニーとズーイ』J・D・サリンジャー著　山崎ナオコーラ

——誰かが持ってきてくれた神聖なるチキンスープを飲もうというだけの分別さえ、君には具わっていない。

「青春文学」という言葉を聞いたとき、私が真っ先に思い浮かべるのが、この『フラニーとズーイ』だ。これほど十代の心にぴったりとくる小説を他に知らない。ただ、小説は古びないが、翻訳は時代とともに更新されなければならない。言葉は時代と共に変化するからだ。村上春樹さんの訳は今の時代の風に乗っている。

時代と言葉といえば、固有名詞の問題がある。私は小説の中に商品名やブランド名をかなり出す方なのだが、十年後には通じなくなるだろう固有名詞は使わないようにしている作家もいる。

サリンジャーは結構使っている。たとえば、「それ以外の全員は『いかにもスミス校』タイプの女の子たちだった。二人だけは徹底的にヴァッサー校タイプで、一人は徹頭徹尾ベニントンかサラ・ローレンスっぽい感じだったけど、ベニントンかサラ・ローレンスっぽい女の子は、列車にいるあいだずっと洗面所に閉じこもっていたみたい」という一節がある。この文章は、意味は追えないが、何を言いたいのかはわかる。『スミス校』なんて意味がわからないから今の時代にも通じる言葉だけを使ってほしい」なんてまったく思わない。文脈があれば、言葉の意味がわからなくても大丈夫なのだ。

それから、この村上さんの訳本は最初から文庫として出版された（現代日本の出版シーンには、最初は単行本という大きいサイズの本を刊行して、三年ほど経ったら文庫という小さい本にして出し直すという習慣がある）。私自身、十代の頃はお金がなくて文庫ばかり買っていて、面白そうな単行本があっても三年待って文庫になってから手に入れることもあったし、机の下に小さい本を隠して授業中にこっそり読むこともあったので、「青春文学」には文庫がすごく似合うと思う。

これまで私が旅行してきた外国では日本の文庫のようなサイズの本を見かけたことがない。日本でこの形が愛されているのはなぜだろう。「小さい国だからスペースを取らない小さい本が流行《はや》ったのかなあ」と勝手に想像している。単行本では紙も選べるし、装丁に趣向を凝らせるので、作家としては単行本を出すときの方が力むものなのだが、文庫というかわいらしい本だって私は好きだ。若い方にはぜひ、文庫をたくさん買ってもらいたい。

別々に発表された「Franny」（一九五五年）と「Zooey」（五七年）をひとつにまとめて六一年に出版された。村上春樹による新訳は『フラニーとズーイ』として二〇一四年三月に新潮文庫より刊行された。

「自分だけ」のネガとポジ

朝井リョウ

『神田川デイズ』豊島ミホ著

――何気ない口調だったけれど、奥村のその言葉は私の胸をひやりとさせた。ほんとに、身体の内側に氷のうを押しつけられたみたいな感じがしたのだ。怖い、とかじゃない、別の作用の寒気。(「どこまで行けるか言わないで」)

共感できないものを遠ざけてばかりいたら、私たちはずっと今の形のままです――これは、四七頁に掲載されている『殺人出産』の紹介文の結びの部分です。書いた内容はもちろん本心ですが、それはもしかしたら、自分というものがある程度形成された今だからこそ言えることなのかもしれない、とも思います。特に若いころは、針で突くような局地的な共感に溺れることも、読書の楽しみのひとつでした。

その点で、私がただのひとりの大学生としてあまりにも共感し、狭いワンルームのアパートの床をのたうちまわることになった作品があります。それが、今回紹介する、とある大学に通う人々のどうにもうまく輝かない日々を描いた連作短篇集『神田川デイズ』（角川文庫）なのですが、私は、その中の四篇目にあたる「どこまで行けるか言わないで」にズブリと心臓を貫かれました。この本はそのまま、田舎から東京へ出てきたばかりの大学一年生の心臓をごそっと抜き取り、血の滴るそれを高く掲げながら学生街をぬらぬらと練り歩かんばかりでした。

こんなことを考えているのは自分だけかもしれない。そう感じることは誰にだってあるはずです。十代の私は、そんな瞬間に出会うたび、死にたくなるほど不安になったり、ここで自分が生きていることを大声で叫びたくなるほど自尊心を膨らませたりしていました。私の「自分だけ」には二種類ありました。一つは、こんな最低なことを考えるなんて、に繋がるネガティブなもの。もう一つは、こんな凄《すご》いことを思いつくなんて！　から繋がるポジティブなもの。

この本の中身は、私がコレクションしていた「自分だけ」で犇《ひし》めき合っていました。つまり、生きていく、ただそれだけの決心が折られてしまうほどの孤独感が解消されると同時に、自分なんかよりずっと先を歩いている人が多くいる現実に打ちのめされもしたのです。頁を捲《めく》るたび、まるでヤスリでもかけられたかのように自分の心の形が整っていった感覚は、今でも忘れられません。

確かに、自分が共感するものばかりに手を伸ばしていたら、自身の何かを様変わりさせるような想定外の衝撃には出会えません。ただ、それも十分理解したうえで、自分が共感できるものに全身を包まれたくなるときがあります。ネガティブな「自分だけ」を言い当てられて、そうなのそうなの、ありがとう、と、その許しのようなものにしがみつきたくなるときがあります。私は、この作品に、ひいては豊島《としま》ミホさんの作品にたびたびしがみついて、どうにか引き上げてもらった十代の日々を忘れられません。

『野性時代』二〇〇六年二月号〜十二月号に各篇を発表、六篇をまとめた単行本は〇七年五月に角川書店より刊行。東京で大学生活を送る学生たちのナイーブでほろ苦い青春を描いた連作短篇集。現在は角川文庫で読むことができる。

幸福も人それぞれ

中村文則

『サラバ！』 西加奈子著

——僕はこの世界に、左足から登場した。母の体外にそっと、本当にそっと左足を突き出して、ついでにおずおずと、右足を出したそうだ。両足を出してから、速やかに全身を現すことはなかった。しばらくその状態でいたのは、おそらく、新しい空気との距離を、測っていたのだろう。

「幸福な家庭はすべて互いに似かよったものであり、不幸な家庭はどこもその不幸のおもむきが異なっているものである」

これは、トルストイの『アンナ・カレーニナ』の有名な冒頭。家庭に限らず、一般的に幸福や不幸を語る時よく引用される。なるほど、上手い言い方とは思うけど、現代においては「本当にそうか？」と問いたくなる。不幸がそれぞれというのはそうだけど、幸福もそれぞれではないかと。

西加奈子さんの『サラバ！』は、幸福というのも人それぞれであることを教えてくれる。人からどう思われるかを過度に気にしてしまう「男性の人生の記録」として描かれていく物語。作中である女性が、「あなたが信じるものを、誰かに決めさせてはいけないわ」と言う名台詞があるのだけど、この言葉は、こうやって抜き書きしたものを読んだ時の印象と、小説の中で出てくるのを読んだ時の印象がはっきり異なる。これも小説の面白いところの一つだ。

言葉は、その前後の言葉によって、その言葉が出てくるまでの、物語や文章の堆積によって、重みや響きや効果が全く変わってくる。だから小説に出てくる言葉は読者の心を打つ。書き手は、組み合わせや出てくるタイミングも全て考慮に入れ、最も響く形で小説の中に言葉を書いていく。その言葉の効果の不思議を、この小説を読んであらためて感じることとなった。

著者の西加奈子さんはセンスの塊のような書き手だけど、同時に努力家という稀有《けう》な作家である。温かい物語が多いが、時々びっくりするほど暗いことを書いたりもする。同い年でこのような作家が同時代にいることは、僕にとって（作風は全然違うのだけど）大きいことだったりもする。

現代の作家を読むとは、同じ時代を生きている作家の言葉を読むことである。作家は作家でない人より言葉や物語などのことをいつも苦しみながらあれこれ考えている存在——それが職業だから当然——であるから、そういう存在から生まれる言葉を、自分が何かを考える時の材料にすることもできる。物語の中に身を置き、主人公を見つめ、時に同化しながら、自分のこれまでの人生やこれからの人生について考えることができる。

人の目をどうしても気にしてしまう人、ちょうどいま生き方を模索してる人などなど、たくさんの人におすすめです。

『きらら』二〇一三年十二月号〜一四年十月号に連載、単行本は上下巻で一四年十月に小学館より刊行。父親の赴任先であるイランで生まれた少年の波瀾万丈の物語で、直木賞を受賞。現在は小学館文庫でも読むことができる。

時を隔てた仲間たちを発見

佐川光晴

『同時代の作家たち』広津和郎著

――私が生涯で芥川君と親しくしたのは、宇野の病気のために宇野の家で落合ったその数日だけの事であるが……大体としては意外なほど彼はしみじみとして、まるで純真な子供のように素直で内気でさえあった。

わたしが北海道大学を卒業した一九八九年はバブル経済の真っ盛りだった。空前の売り手市場で、大企業の採用担当者が「夏のボーナスは百万円、冬のボーナスは三百万円」といったトンデモナイ誘い文句で学生たちをかき集めていた。今から思えば、日本全体が正気を失っていたとしか言いようがない。

「そんなうまい話があるわけねえだろ」と斜にかまえていたわたしにしても、まるで関心がなかったと言えばウソになる。しかし、ここで世の中の流れにあわせて甘い汁を吸ってしまったら、取り返しがつかなくなる。わたしは自分の直感を信じて埼玉県の大宮にある屠畜場で働くことにし、以後十年間を家畜の解体作業に従事してすごした（この仕事について知りたい方は拙著『牛を屠《ほふ》る』をお読みください）。

広津和郎（一八九一〜一九六八）の名前は戦後最大の冤罪事件である松川事件を扱った『松川裁判』で知っていたが、氏がわたしにとってかけがえのない存在になったのは三十歳頃に読んだ『同時代の作家たち』によってである。その中に収められた一篇で、芥川龍之介、宇野浩二との交遊を語る「あの時代」を一読したわたしは、「こいつらは、おれたちの仲間だ」と感じた。

芥川、宇野、広津が新進作家として活躍した大正年間（一九一二〜二六）はバブル経済を凌《しの》ぐ好景気だった。第一次世界大戦によって欧州の産業が衰退した隙に乗じて日本の造船業や繊維産業が爆発的に業績を伸ばした。ところが、それも束の間で、一九二三年の関東大震災によって世情は一変する。国民の不安を背景に軍部が台頭し、中国に対する侵略によって状況の打開を図ろうとして、大陸での戦争は泥沼化してゆく。

時代の反映と言ってしまえばそれまでだが、「あの時代」で芥川、宇野、広津等が交わす会話はいかにも苦しい。ユーモアが発揮されても、その場しのぎ的なものでしかない。

漱石も重度の神経衰弱だったが、漱石山房と呼ばれた自宅での友人知己との豊かな語らいから『吾輩は猫である』を生みえた。一方、「あの時代」では、宇野は精神を病んで入院し、芥川は「漠然とした生存不安」から自殺してしまう。

同年輩の作家のなかには文藝春秋社をおこした菊池寛のような成功者もいるが、広津は世間的な評価に与《くみ》しない。成功を望むあまり浅薄な小説しか書かなくなった菊池に対して、「それで好いのか」とつぶやきながら、「決勝点のないトラックを一生走って行かなければならない」と自分に言い聞かせる広津の姿に、わたしはどれほど勇気づけられたかわからなかった。

初版は一九五一年文藝春秋新社より『小説 同時代の作家たち』として刊行。芥川龍之介、宇野浩二、近松秋江、菊池寛など、同じ時代に生きた作家たちとの交友と時代の空気を描く。現在入手しやすい岩波文庫版『新編――』は紅野敏郎の編集による。

受験生の私 運んでくれた　朝井リョウ

『雪沼とその周辺』　堀江敏幸著

――試みるとしたら、いましかないのかもしれない。アプローチのスタンス・ドットに落とした目を彼はゆっくりとふたりにむけ、ひと呼吸置いてから、お気づかいありがとうございます、お言葉に甘えさせていただきます、と言った。（「スタンス・ドット」）

大学受験を控えた私は、その日、国語の過去問題に奮闘していました。評論のセクションを解き終えたら、次は現代小説。ここはどちらかというと得意な分野です、一秒もロスしたくありません。

しかし、本文を読み始めた私は、結果的に、とんでもない時間を投げ捨てることになります。

試験への訓練の最中だということを忘れ、じっくりと読みふけってしまった現代小説の本文こそが『雪沼とその周辺』に収録されている短篇「スタンス・ドット」でした。山あいの寂れた町にあるボウリング場、その廃業の日、補聴器を着けた店主が、ひょっこり現れた若いカップルに最後のゲームをプレゼントしようとする話です。

私は、その本文をじっくりと読み終えたあと、最終行の左下に書かれている作品名と著者名を何度も確認しました。そして書店へ行き、『雪沼とその周辺』を手に入れました。

著者の文章は、手の届くものだけを取って替え取って替え生きていた私の体に、これまで触れたことのない空気を送り込んでくれます。フランス料理に使われるイラクサとその不思議な苦み、右に傾いた旧《ふる》い裁断機を直してくれる旧友の白髪、旅先で買う灯芯が太い紐《ひも》になっているランプ。雪沼という土地に織りこまれたさまざまな人生の甘苦が、文章という形で私たち読者の体内に注ぎ込まれます。

当時高校生だった私は、もちろん、内容の多くを理解できなかったはずです。ですが、文章が体の中に送り込んでくれる空気そのものが心地よく、試験勉強中とはいえ、そのまま物語に運ばれていってしまったのです。あのときの感覚を、私は忘れられません。

優柔不断な私はその後、どの大学を受験するか、とても悩みます。そしてある日、早稲田大学文化構想学部のパンフレットに、この作品の著者である堀江敏幸先生の名前を見つけるのです。私はその学部を受験し、入学します。そして、堀江先生のゼミに入ることを目標のひとつに設定し、小説を執筆し続ける中で、本を出す機会をいただきました。受験生のときに出会ったあの文章が、小説を書くことが学問として認められる稀有な場所まで私を運んでくれたのだと思います。もしかすると、この作品を紹介している今この瞬間も、あの文章に運ばれている最中なのかもしれません。

好きだな、と思った文章は、あなたを運びます。たくさんたくさん、好きな文章に触れてください。そして、思わぬ場所へ辿り着く喜びに出会ってください。

『新潮』二〇〇二年一月号に掲載された「スタンス・ドット」で川端康成文学賞受賞。単行本は各誌に掲載した作品に書き下ろしを加えた連作短篇集として、〇三年十一月に新潮社より刊行、谷崎潤一郎賞、木山捷平文学賞を受賞した。現在は新潮文庫で読むことができる。

共感できなくたっていい

世の中が裏返っている

窪美澄

『さよなら、ニルヴァーナ』窪美澄著

——ならば、もっと地獄に行こう。もっと深くて、もっと暗い、地獄に下りていこう。人の、世の中の、中身を見て、私は自分の生をまっとうするのだ。

私が小説家としてデビューしたのは二〇一〇年です。その翌年、東日本大震災が起こりました。毎日、テレビで映し出される甚大な被害。見慣れた世界の地表が割れ、壊れて、そこから何か禍々《まがまが》しいものがあふれてくるようなその画面を見ながら、私は世の中が裏返っている、と思いました。

同時に思い出したのは、阪神・淡路大震災でした。地震が起こった一九九五年というのは、今の日本の在り方を考えるうえで、どこか転換の年だったのではないか、と多くの方が感じているのではないかと思うのですが、私にとっても大地震、オウムによるサリン事件が続いた不穏な一年として、強烈に記憶に残っています。

　その二年後、少年Aによる凄惨《せいさん》な殺人事件が神戸で起こりました。犯人である彼も神戸で地震を体験しています。彼がなぜあんな事件を起こしたのかはすでにさまざまな検証がされていますが、幼い彼にとって町そのものが裏返るような大地震の光景を目にしたことは、事件を起こしたことと無関係ではなかったと思えるのです。

『さよなら、ニルヴァーナ』は、一九九五年から始まったように思える世の中の変化をもう一度辿っていきたい、という思いから生まれた物語です。少年Aをモチーフにした少年犯罪の加害者、ネット上で彼のサイトを作り、彼を敬愛している「莢《さや》」という少女、同じくネットの中で彼を見つけ、小説家になりたいと夢みている女性「今日子」、そして、被害者家族の母親が登場します。因果のようなもので結ばれている「莢」と少年A、そして被害者である母親。現実の世界では出会うことのない人間の感情を、小説の世界で描きたいと思いました。

　また、「莢」と少年Aが結ぶ運命の輪に絶対に入れず、その運命を傍《そば》で見ていることしかできない「今日子」の絶望というのも私が書きたかったことでした。思わず目を背けようとしてしまうものからどうしても目を離すことができない。小説家にはそんな因果もあるのだろうと思います。その思いを今日子という人物に託しました。

　読み進めるのが辛くなるかもしれませんが、ぜひ一度お読みいただければうれしいです。

『別冊文藝春秋』二〇一三年三月号〜一五年一月号に連載され、単行本は一五年五月に文藝春秋より刊行。神戸連続児童殺傷事件をモチーフとし、人間の心の奥底にある説明のできない闇や衝動などを描く。現在は文春文庫でも読むことができる。

共感をあてにしない　中村文則

『素粒子』ミシェル・ウエルベック著

――彼女はなぜ車を出さないのだろう。ブラームスを聴きながらオナニーでもしているのだろうか？

人類が不死となり、全く別の存在に「更新」されたとしたら。

人類の弱さを代表するような性的な兄と、やがて人類を不死へ導く発見をする弟の物語。このミシェル・ウエルベックの『素粒子』は、そんなSF的世界と純文学が上手く融合された見事な小説である。

彼の作品にはどれも強烈な個性があり、嫌いという人も多いのもまた事実である。

ここ十年ほどの傾向として、よく本や映画に触れた後の感想に「共感できたかどうか」というのがある。しかしながら、何かに共感できるのはとてもいいことだけど、「共感できなかったから駄目」という意見は乱暴ではないかと思っている。

共感は、人によってその方向性も、その幅も違う。「共感できなかった」という意見は、要するに「自分の内面の幅の中ではなかった」ということで、それは作品の「良し悪《あ》し」を意味しない。自分の好き嫌いの選択をしているということなので、それでは自分の内面の幅を広げることはできない。

本を読むとは、他者への想像力を働かせることでもある。共感できれば素晴らしいし、共感できなかったとしても、自分とは全く違うタイプの人を理解することにつながる。理解できなくても、少なくともそういう考え方があると深く知ることができる。そうやって、自分の内面世界を広げていくことができる。「全然共感できなかったけどこの作品は素晴らしい」と思える人は、それだけ多くの文化をより深く味わっているのではないかと思う。

現在のシーンは、作家が「読者からの共感」を気にするあまり、「平均化」された小説が増えている傾向にあるのかもしれない。そういう流れに書き手としては抵抗していかなければ、文化そのものが痩せてしまう。さまざまなタイプの人がこの世界に存在していることと同じように、さまざまなタイプの小説もこの世界に存在していた方がいいと思っている。それは多様性を認めていくことにも繋がる。

この『素粒子』は、読者の共感をあてにしていない。表現は時に残酷だし、読みながら眉をひそめる読者もいるだろう。しかしそのような「共感できたかどうか」の次元を遥かに超えた形で、この作品は高度な文学として屹立《きつりつ》している。

読書を自分の世界を広げる手段として、利用してみてはいかがでしょうか。

一九九八年にフランスで刊行され大きな反響をよびベストセラーとなった。世界でも多くの国で翻訳され広く読まれている。日本では野崎歓の訳で二〇〇一年九月に筑摩書房より刊行。二十世紀後半のフランスを舞台に、異父兄弟の人生を通じて西欧的な価値規範が崩壊していく社会の変遷を描いた問題作。現在はちくま文庫で読むことができる。

シャイニング・ゲンジの物語を読む

円城塔

『源氏物語』　紫式部著

――あなたでしたの、王子様？　と彼女は言った。
あなたはずいぶんながいことお待ちになりましたのね？
（ウェイリー版）

好きな人は猛烈に好きですし、苦手な人はとことん苦手。でも正面切って面白くないとはとても言えない。そんな『源氏物語』です。

江戸時代の松平定信などは、生涯に全巻を七回書き写したと言われますし、与謝野晶子は三度、現代語訳を行いました。二回目は関東大震災で燃えてしまうのですが。子供の頃から数えきれないほど読みかえしてきたという人もいれば、高校生になってはじめて手に取ってみて、よく意味がわからないからやめたという人もいるはずです。

光源氏のお母さん、桐壺更衣が壮絶ないじめをうけるというシーンまでは読んでみようと思って、何が起こっているかわからないまま、「明石」くらいまで読みすすんでしまい、なにかおかしいな、と首をかしげた人もいるでしょう。

自分はそうでした。

急いで言いわけしておくと、自分は北海道に生まれたせいで、古典への距離が違うのです。宿題を忘れた奴は和歌を十首暗記しろみたいな教育を受けたことがありません。紫式部が歴史上の人物だというところもいまひとつピンときていなかったりします。北海道の人がみんなそうだと言う気はないですが。

さてしかし、そんな『源氏物語』。海外での日本文学としての知名度は村上春樹の次につけています。ハルキ・ムラカミかレディ・ムラサキ。日本文学は千年の時をへだてたこの二人に代表されているといっても過言ではないわけですが、それじゃあ日本ってどんな国だか全然わからないと思うのですがどうでしょう。

文化人の中にも源氏物語が苦手な人は多くいました。内容や思想的な問題もあったはずですが、一番大きかったのはやはり、読みにくい、ということに尽きるのでは。これは幼少期に触れていた日本語の種類によるということになる気がします。

与謝野晶子訳と谷崎潤一郎訳、どちらが好きか、みたいな話以前の問題です。ちなみに谷崎も源氏を三度現代語に訳しています。みんな好きですね。源氏。

さて、源氏が苦手なままの人に朗報です。

今は、アーサー・ウェイリーが英語に訳した源氏物語を、もう一度日本語に訳し直したものがあります。

正直、男と女がずっとうじうじやっているだけの話と思っていたが、英語版を読んで面白みがわかった、という大正・昭和人は数知れず。ひそかな虎の巻となっていたふしもあります。

自分の場合も恥ずかしながら、いろんな源氏をようやく読めるようになったのは、アーサー・ウェイリー版を読み終わってからですね。

平安時代中期の長篇物語。古典文学の最高峰ともいわれ、これまでに多くの人の手で現代語訳・外国語訳がなされている。ウェイリーによる英訳は一九二五年から六分冊で刊行された。この英訳をふたたび日本語に翻訳したものは『ウェイリー版　源氏物語』（平凡社ライブラリー、全四巻）佐復秀樹訳や、『源氏物語　A・ウェイリー版』（左右社、全四巻）鞠矢まりえ・森山恵姉妹訳などで読むことができる。

感動や共感ではない衝撃　朝井リョウ

『殺人出産』村田沙耶香著

——今から100年前、殺人は悪だった。それ以外の考えは存在しなかった。私が幼稚園くらいのころもまだ、殺人は悪という考えが根強かった。

ふと、立ち止まって考えることがあります。目の前に横たわっている常識は、果たしていつから「常識」なのか。自分が生まれるずっと前から「常識」だと思っていたそれは、自分が生まれるほんの一秒前に「常識」だと定められたものにすぎないのではないか。

十人産めば一人殺してもいい——『殺人出産』は、そんな「殺人出産制度」が認められた世界の物語です。十人産むことを選んだ人は世間から「産み人」と呼ばれ、命を作る尊い存在として崇《あが》められます。殺した一人分を差し引いても九人分の命を作り出したのだから、「産み人」は素晴らしいのです。人ひとり殺したって、九人の命を生み出しているわけなので、プラスマイナスではプラスなのです。

著者の村田沙耶香さんは、私たちの思考にびっしりと生えている常識をずるりと引っこ抜き、「ほら、意外とすぐ抜けたよー」とその根っこをこちらに差し出してくるような小説家です。感動した、とか、共感した、とか、そういう感想を抱くより、読み終わったあとじっと考え込んでしまうような、そんな作品を書く方です。

共感だけが読書ではない。私は常々そう思っています。本に対する感想の中で、共感できなかった、理解ができず楽しめなかった、というような文章を見つけると、私は少しさみしい気持ちになります。共感とはつまり、本を読む以前の自分と、読んだ後の自分に、何も変化がない状態のことです。心の中にあるモヤモヤをばしっと言い当てられたような文章に出会ったときはもちろん嬉しくなりますが、そうではない文章に出会ったときに、「これは私と違う」という理由だけで受け入れることをやめてしまうのは、とてももったいないことだと思います。

共感できないことだからこそ、理解しようと思考する。今の自分の常識ではありえないことに出会ったときこそ、自分とは違う人の意見を掬《すく》い取り、視野を拡《ひろ》げる。わからない、ではなく、どうしてわからないのだろうと考えることで、わからないことすら自分の栄養分にしてしまう。村田さんの作品は、共感だけの読書からでは得られない経験ばかりをもたらしてくれます。

男女三人で恋愛をすることが流行している世界を描いた「トリプル」など、同時収録の作品を含め、著者の小説は私たちの常識を反転させてくれます。正直、読んでいてとても疲れます。読後、気分が晴れやかになることは少ないかもしれません。ですが、そんな読書こそ多くの人に薦めたいのです。共感できないものを遠ざけてばかりいたら、私たちはずっと今の形のままです。

『群像』二〇一四年五月号に発表、単行本は表題作のほか、それぞれ雑誌に掲載された「トリプル」「清潔な結婚」「余命」の三篇を収録し、一四年七月に講談社より刊行。現在は講談社文庫でも読むことができる。

読まない

円城塔

『人間失格』 太宰治著

——自分ひとりの懊悩は胸の中の小箱に秘め、その憂鬱、ナアヴァスネスを、ひたかくしに隠して、ひたすら無邪気の楽天性を装い、自分はお道化たお変人として、次第に完成されて行きました。

小説を評するという行為にはいくつかの流派があって、ただ自分が感じたことを並べていくのは、印象批評と呼ばれて今はあまり人気がありません。

さて、僕は太宰治がとても苦手です。苦手というのは生理的なところからくるものなので、どうしたって印象になるので困ります。

『右大臣実朝』などは好きなのですが、これは太宰の作品の中では例外的なものとなりそうです。

この『人間失格』、どのあたりが苦手なのかというと、あれですね、何を当たり前のことをいつまでもくどくどと書いているのだ、という気持ちになります。ちょっとした憤りみたいなものです。そういうことを言い出せばそれはいくらでも続けることができるだろうけれど、それを言ったから何なのだという気になります。同じことを何度言うのか。文学には、何のためというものは関係ないとわかっていてもそうなるのです。

通常は意識にのぼらない無意識的な思考や感情を生々しく描いている、ということもできるかもしれないですが、そこまで大げさに言いたてる必要もないだろうという気分になります。

主人公は自分が人間らしく振る舞えないことを強調しますが、これで『人間失格』というにはちょっと大人しすぎます。こういう人、たくさんいるし、もっとひどい人を知ってるよとか言いたくもなるってものです。

と書くと、首をかしげる人がいるはずですが、『人間失格』は、「こんな人間はいない」派と「人間みんなこうしたものだ」派に分かれる小説として有名です。

そうした派に分かれる以上、「中にはこういう人間もいる」というのが実際のところなはずなのですが、なかなかお互いに理解は難しいようです。

自分とは別の印象を受け入れるには少なからぬ抵抗があるものです。青色に冷たさを感じるか清々《すがすが》しさを感じるかくらいであればまだよいですが、人間とはなんぞや、というところで意外に大きく食い違ったりします。

そうした食い違いを強く際立たせるという点で、太宰の作品はとても文学的であると言えます。

とは考えるのですが、なぜか不思議と納得できません。わざわざそんな理窟まで考えないといけないのか、ってことです。いちいちこういう、ある種当たり前のことを考えさせられてしまうことが気に入らないのかも知れません。

なにかこう、紙面がまとわりついてくるような感覚が嫌です。嫌と思うのも嫌です。話題にするのも嫌なのに、こうして書いてしまうことがまた嫌なのです。

現在は、岩波文庫、新潮文庫、角川文庫など各社の文庫で読むことができる。本の詳細については一五頁参照。

世界を旅して〝人〟に会う

曖昧な世界　小説で表現

山崎ナオコーラ

『忘れられた巨人』　カズオ・イシグロ著

——霧が晴れるのを恐れているのは、あなたより、むしろわたしだと思う。さっきあの石のわきに立っていたときにね、不意に、昔あなたにひどいことをしたような気がしてきました。その記憶がすっかり戻ってくるとしたら……

『浮世の画家』『日の名残り』などの作品で、人間のぼんやりした記憶を忠実に文章に起こすことによって、その人物の住む国の成り立ちを浮き彫りにする、という仕事をカズオ・イシグロさんはやってのけた。

私は最近カズオ・イシグロ作品にはまり、「うわ、同時代に生きていて良かった」と新作を待ち望むようになった。土屋政雄さんの訳で刊行された『忘れられた巨人』も夢中で読んだ。

この作品も、記憶の扱い方が素晴らしい。舞台は、古代のイギリスと思われる。龍の吐く霧《きり》のせいで、人々は過去のことをうまく頭に残せないようになっている。不確かな思い出を抱えて生きる村人たちは、曖昧な世界を形作る。それが細部まで丁寧に文章にしてある。「小説はこんなことも表現できるのか」と驚く。小説や映画や音楽は、時間を描く芸術だ。特に小説は文章のみで成立するので、一人称でも三人称でも、「誰かの確固たる記憶に拠《よ》っている」という雰囲気が漂いがちだ。しかし、実際には記憶というものは定かでないし、過去は幾通りもある。この作品では、曖昧模糊《もこ》としたものをそのまま文章にする、ということができているので、「小説が挑むべき仕事はまだまだあるのだな」と感じ入る。

読み進めていくと、イギリスという国の成り立ちについて考えざるを得なくなる。人間は社会的動物であり、国から離れて存在するのは難しい。文学者は実生活や社会情勢と無関係に仕事をしていると思われがちだが、そんなことはない。古今東西のたくさんの文学者が、直接に政治に関わる発言をしなくとも、それでも国を造ってきた。

カズオ・イシグロさんの作品は、これまで五年ほどの時間を空けながら出版されてきたようだ。それは、ヨーロッパやアメリカでは珍しいことではない。日本の出版シーンでは、毎年一冊は本を出す、という作家が多い。特に若手作家はそうだ。下手したら、数カ月おきに出版する。どうしてこのような状況になっているのか、私にはわからない。
たくさん書きたいという気持ちと、もっと時間をかけて制作しても良いのではないかという思いがせめぎ合う。ともかくも、傑作は時代を超える。どんどん書くにせよ、じっくり挑むにせよ、いい作品を作り出せるように私も努力するしかない。

『わたしを離さないで』以来、長篇としては十年ぶりとなる作品。二〇一五年三月英米で発売され大きな話題に。日本でも同年四月に早川書房より、土屋政雄の訳で刊行された。現在はハヤカワｅｐｉ文庫でも読むことができる。

心から好きなもの

朝井リョウ

『路』吉田修一著

——夜風を感じながら仁愛路を歩いていた春香は、大通りから食堂が並ぶ路地へ入った。狭い路地にはずらりと海鮮食堂が並び、海老でも炒めているのか香ばしい大蒜と香辛料の匂いが漂ってくる。

おすすめの本をいくつか教えてくださいと言われたとき、私は大抵この著者の本を滑り込ませます。中でもこの作品『路《ルウ》』は、手に取るだけで、重なる頁の隙間から良質な物語の予感が香り立ちます。

一九九九年、台北—高雄間の台湾高速鉄道を、日本の新幹線が走ることが決まるところから物語は始まります。その鉄道が二〇〇七年に開業するまでの日々が、さまざまな視点から綴られていきます。プロジェクトチームの一員である入社四年目の日本人商社員・春香、台湾で出会ったホステスと交流を深めていく春香の先輩社員・安西、後に燕巣《イエンチャオ》車輛整備工場に勤めることになる台湾人のフリーター・陳威志《チェンウエイズー》、台湾で生まれ育ち終戦後に帰国した日本人老人・葉山勝一郎《かついちろう》、そして若手建築士として日本で働く台湾人青年・劉人豪《リョウレンハオ》——一人一人の人生が台湾新幹線をきっかけに重なり合っていく様は圧巻です。

著者は、単行本が出版された二〇一二年当時すでに、三十回以上も台湾を訪れていると語っています。この作品について、「台湾好きな僕が、台湾の魅力的なところやいい部分を詰め込んだ、『台湾が大好きです』という小説になりました」とも話しています。台湾のこと別によく知らないしな、と興味が削《そ》がれた方、お待ちください。この小説は、台湾を持ち上げる内容でもなければ、国と国の関係性について深く考えようと問題提起をしてくる内容でもありません。作中、確かに国と国の歴史についても言及がありますが、物語はあくまで個人と個人の関係性に基づいて進んでいきます。著者は、台湾だけでなく、おそらく台湾以上に、人間が好きなのです。これは、日本と台湾という別の国の間に育まれた、人間と人間のつながりを描いた物語です。

ただ、私は、著者の台湾への愛よりも深く受け取ったものがあります。それは、「心から好きなもの」があることの尊さです。

著者による台湾の描写からは、台湾への愛情以上に、心から好きなものがある人生への喜びを感じ取ることができます。そんな土壌に根差している物語は、人間の歩む人生への喜びを養分として、どこまでも枝葉を拡げていくのです。

ここ燕巣の樹々を眺めていると、生きるということがとてもシンプルに思えてくる。シンプルだからこそ、とても強いものに——こんな文章が、作中に出てきます。生きることは、シンプルだからこそ、「心から好きなもの」があるという単純な味付けにより、ぐっと豊かになりうるのでしょう。そしてこの小説は、「読書」をあなたの「心から好きなもの」にする力を持っています。

『文學界』二〇〇九年一月号〜七月号、一〇年二月号〜一二年二月号に連載、単行本は一二年十一月に文藝春秋より刊行。台湾新幹線開業までのプロジェクトとそれに関わる人々のドラマ、台湾の街の空気を鮮やかに描く。現在は文春文庫でも読むことができる。

日台共通　商店街の魅力

窪美澄

『歩道橋の魔術師』　呉明益著

――「小僧、それを教えることはできない。でもだ。お前とはなかなか馬が合う。だからあるものをあげよう。それをどう使うかは、自分で決めるんだ」（「歩道橋の魔術師」）

二〇一四年の四月に台湾の作家さんとのトークイベントと、台湾で私の本を翻訳してくださっている版元さんや編集者との交流を目的に、台北に滞在しました。台湾を旅行した方ならご存じのことだと思いますが、台湾の書店には、驚くほどたくさんの日本人作家の本が売られています。けれど、その反対はとても少ない。台湾の作家が書いた本を今まで読んだことがない、という方も多いのではないでしょうか？

そんな方におすすめしたいのが、『歩道橋の魔術師』（呉明益著）です。中華商場（台湾初のショッピングモール。千軒以上の商店が軒を連ねていたそうですが、一九九二年に全棟解体）が舞台となった十篇の短篇が収められています。

著者の呉さんご自身、中華商場にあった靴屋さんの息子だそうですが、私がこの作品にそこはかとなくノスタルジックな感情を覚えるのは、私もまた、商いをする家の子どもだったからかもしれません。とはいえ、センチメンタルな思いだけでなく、歩道橋に現れる一人の謎の魔術師（マジックなどを見せ、その商品を買わせる）によって、中華商場の子どもたちは、今ある世界だけでなく、もうひとつの世界に対面し、そこに飛びこんでいくのです。その時間を過ごしたことが、その後の彼らの人生にどんな影響を及ぼしていくのかが、この本の読みどころだと思っています。

私も商店街を舞台に『よるのふくらみ』（新潮社）という本を書いたことがあります。商店街では、いろんなことが筒抜けで、自分も知らないような自分の家族のことを、誰かが知っていたりする、あるいは聞かされたりする。その場所は、私にとって、時に息が詰まるような場所でもありました。けれど、確かに、そういう密閉された場所に風穴を開けてくれるような、歩道橋の魔術師のようなおじさん、おばさんもまた存在していました。どんな人をも許し、のみこんでしまう懐の深さ、というのも商店街の魅力のひとつだと思うのですが、そうした魅力もこの本のなかに存分に溢れています。

『歩道橋の魔術師』を読んで、台湾の小説に興味を持つ方も多いでしょう。同じ時代を生きる台湾の小説家の作品をもっとたくさん読める日が来ることを強く望んでいます。

二〇一一年十二月に台湾で刊行された連作短篇集。日本では天野健太郎の訳で一五年四月に白水社より刊行された。戒厳令解除（一九八七年）前夜の「中華商場」を舞台にした九篇を収録。

不穏な何かを描き切る

朝井リョウ

『アンダー、サンダー、テンダー』チョン・セラン著

――あのひどいバスのことを話さなければならない。あのバスを抜きにしては何も語れない。一時間に一本、それも発車時刻がばらばらのバスが、一山《イルサン》ニュータウンにある高校に通う唯一の手段だった。

私は海外文学が苦手です。理由はいくつかありますが、何より翻訳された文章がいまいちしっくりこないのです。日本語は一般に主語（Subject）、目的語（Object）、動詞（Verb）の語順のSOV型言語です。私たちはこの語順の文章に慣れています。世界で多くの人に使われる英語は主語、動詞、目的語のSVO型なので、海外文学のスタート地点として英語圏の文学を選ぶと、そこでもう（私のように）苦手意識が刷り込まれてしまうことがあります。

ただ、今回紹介する小説『アンダー、サンダー、テンダー』は、韓国の作家チョ

ン・セラン（鄭世朗）による作品です。そう、韓国語は、日本語と同じSOV型言語なのです。海外文学か、と食指が動かないあなたに薦める一冊目としてぴったりの作品なのです。

タイトルを構成している三つの単語はそれぞれ、「エイジ」を修飾します。アンダーエイジ、つまり未成年。テンダーエイジ、つまり心の柔らかい時期。サンダーエイジ、つまりあらゆることが稲妻のように感じられるほど多感な時期――思春期。少年少女のむき出しの心に触れうるものすべてが、あまりにも繊細で、それでいてある一定の湿度を保った文章で綴《つづ》られていきます。

この小説の設定として面白い点は、登場人物を乗せる船として「通学バス」が用意されているところでしょう。そもそも、そのバスの目的地である学校がすでに、性別や価値観も違う人間をひとつにまとめてしまう乱暴な装置なのですが、そこからさらに一台の通学バスに閉じ込められることで、一見共通点のない男女六人は選抜された小集団に生まれ変わります。やがて学校を卒業した六人はバスでは到底行き来できないほどの距離を隔てて生活することになりますが、それでも心は繋がっています。ただ、その繋がりは決して、友情や恋などという甘く響く言葉で言い表せるものだけではありません。大人になった主人公の視点から少しずつ繙《ひもと》かれていく彼女たちの歴史

――そして、そのすぐそばで常に呼吸をしている不穏な〝何か〟を、著者は逃さず、描き切ります。

私は、その〝何か〟をずっと、直視しないようにしていました。認識だけはしていた、耳元で息を潜めている、私たちの日々を脅かしかねない〝何か〟。その存在を、「軍事境界線」という日本には存在しないものを常に身近に感じてきた隣国の小説家は、巧みに言語化します。

海外文学の面白いところは、著者と読者の〝感覚の出発点〟がすでに大きく違うところです。その点で、小説は、一生出会うことがなかったかもしれないあなたや私や外国の誰かを一緒くたにしてしまう、一台のバスにもなりうるのです。自分の中の、扉だと思っていなかった場所を突き破り、そのバスは進んでいくのです。

二〇一四年に韓国で刊行され（原題「これくらい近くに」）チャンビ長篇小説賞を受賞。日本では一五年六月に吉川凪の訳でクオンより刊行。二十世紀末、軍事境界線近くにある街坡州《パジュ》で過ごした仲間達との青春の日々と、三十代になってからの再会が交差する。

日本語を読む　円城塔

『高野聖』　泉鏡花著

——すると上人は頷いて……出家のいうことでも、教だの、戒だの、説法とばかりは限らぬ、若いの、聞かっしゃい、と言って語り出した。後で聞くと宗門名誉の説教師で、六明寺の宗朝という大和尚であったそうな。

泉鏡花（一八七三〜一九三九）。あまり読まれていない気がします。原因はもうはっきりしていて、何が書いてあるのかよくわからないからですね。小説を読むことは一文一文の意味をきちんと理解していくことだ、と考えるなら、かなりの国語力がないととてもたち打ちできません。江戸時代に書かれた『雨月物語』を読むよりも多分難しいです。

でも本の読み方とは何も意味を一単語ごとにつきつめていくだけではないわけで、日本語の面白さを眺めていくというやり方もあるわけです。そうしてみると、鏡花の文章というのはものすごく文体に傾いた、内容よりも文章の形やリズムを優先したものに見えてきます。極端な話、意味は横においておき、日本語の調べに身を任せる、みたいなことだってできるわけです。

音楽は別に明確に言葉にできるメッセージを伝えるわけではないですが、作品として成立します。歌舞伎、浄瑠璃、能、といった芸能も、日本語の意味を細かくとって観るものではない。そういう風に鏡花の作品を読むことだってできるわけです。

もっともそれは鏡花の時代の日本語と離れてしまった現代人の感覚であるのかもしれません。むろん当然、鏡花のお話にだってきちんと筋があって、事件が起こり、落ちは……ないことも多いですね。

書き言葉としての日本語は明治期にとても大きく変化したので、明治期の人であれば、特に違和感なく鏡花の文章を読めたのかもしれません。江戸の言葉づかいが変化したのは、偶然の要素も大きく、もしかすると、鏡花のような文章の方が本流になり、鷗外や漱石の文章の方が今読むと意味のわからないものになった可能性だってあるわけです。

ただ鏡花を読んでいて不思議になるのは、壮大にはじまるわりには、お話がどんどん身の回りの小さな場所へと縮小していくところです。

「参謀本部編纂《へんさん》の地図を」とはじまる『高野聖《こうやひじり》』ですが、これはお坊さんの語りです。なにか勇壮な話になりそうです。でもそこから続いていくのは、基本的にはお坊さんが道に迷う話だったりします。森に分け入るにつれ幻想性が高まっていき、高まりきったところで一つの小屋に出くわします。そこで急に日常が回復されて、しかしそこから話の流れはおとぎばなしに接続されることになり、唐突に終わりを迎えます。はじめて読むと、なにがなんだかよくわからない、ということになるはずです。何度読んでもよくわからない、ともなるかもしれませんが、読書は別に正解にたどりつくためのクイズではないので、それはそれで楽しいものです。

現代の感覚でいうならば、お話の調子が混ざりすぎです。高らかにうたいあげる箇所と地の口調が入り交じり、壮大さと卑小さが一緒になってでてきます。展開が全然読めません。

さてこの鏡花の文章の不思議さは、文体を追求した結果出てきたものなのか、鏡花が狙ってやったものなのか、当時は当たり前だったものが、今は奇妙に見えるだけなのか。さて。

一九〇〇年『新小説』に発表、〇八年佐久良書房より刊行された。宿に泊まり合わせた旅僧が飛騨山中で出会った怪異を語る形式で、伝説を幻想的に描く。現在は、岩波文庫、新潮文庫、集英社文庫など各社の文庫で読むことができる。

旅本への苦手意識が覆される

朝井リョウ

『降り積もる光の粒』　角田光代著

――それがその人を成長させるとか、ゆたかにさせるとは私は思っていない。ただ、静かに内に降り積もるだけ。それを一度知ってしまった人は、面倒でも、疲れるとわかっていても、無益だとわかっていても、どうしようもなく旅に出てしまう。

読書、旅。

大人はすぐに、この二つを若者に薦めます。そもそも年齢が上だというだけで誰かの人生に対して助言ができるわけでもないのに、と思っていた私も、ページをふんだんに使って沢山の本を薦めています。

人生観が変わる。新しい出会いが新しい自分を作る――学生の私に、そう言って読書や旅を薦めてくる大人は多くいました。私はそのたび、〝私はこんな出来事からいろいろ考えられるほど感受性が豊かだけどあなたはどうなの？〟と問われているような気がして、正直、うるさいな、と思っていました。だって、自分は自分。外からの刺激で、自分自身はそうそう変わりません。結果、「旅のことを書いた本」というダブルパンチともいえる作品を、私は長い間敬遠していました。

そんな、私のように素直でない人に差し出したいのが角田光代さんの『降り積もる光の粒』です。

前半は主に著者の旅の記録が綴られています。もちろん、小説の名手である著者ならではの感受性に縁取られている本ではありますが、何より心地いいのは、著者自身が「旅から何かを得よう」と全く意気込んでいない点です。自由さが売りのはずの一人旅で著者は常に緊張し、さまざまなミスを犯します。ですが、失敗から学ぼう、とも著者は言いません。感受性の押し売りもしなければ、失敗を肯定するリラックスの強要もしないのです。これは、旅のことを書いた本としてはとても新しい感覚だと思います。

後半は色が変わり、とある非政府組織（NGO）が行っている発展途上国の女性を支援するキャンペーンに著者が同行した様子が描かれます。マリ、インド、パキスタン。そしてそれとは別に、東日本大震災で大きな被害を受けた三陸を訪れた記録です。

後半は特に、著者はいわゆる「新しいもの」に多く出会います。ですが、その出会いにより人生観が変わった、なんてことは全く書かれていません。ではなんと書いてあるのか——例えば、インドの保護シェルターを訪れた際、著者が歓迎式典を受ける場面があります。ここで著者は、謙遜の気持ちから断ってきた歓迎式典への考え方を見つめ直しています。つまり、新しい自分というよりも、すでに出会ったつもりでいる自分を、もう一度見直しているのです。

読書、旅。大人はさまざまなものを通して、人生観の変化や新たな出会いを薦めてきます。だけど、新しい自分になんか出会えなくてもいいのです。すでに出会ったつもりでいる自分をもう一度見つめ直す、そんな静かな豊かさを、この本は教えてくれます。

二〇〇七年～一四年に各誌に発表された文章を編集し、単行本として一四年八月に文藝春秋より刊行。小説家による旅にまつわるエッセー集。現在は文春文庫でも読むことができる。

ただただ笑いたい

日露戦中の「アメトーーク」　佐川光晴

『吾輩は猫である』　夏目漱石著

——吾輩は猫ながら時々考える事がある。教師というものは実に楽なものだ。人間と生れたら教師となるに限る。こんなに寝ていて勤まるものなら猫にでも出来ぬ事はないと。

わたしは小柄な子どもで、小学生の頃はクラスで一番背が低かった。ただ、すばしこくて、中学高校ではサッカー部に入り、毎日ボールを追ってグラウンドを走りまわっていた。小説家というと、幼い頃から部屋で本を読むのが好きな人というイメージがあるかもしれないが、わたしは元気な子どもだった。読むものといえば少年マンガ。『1・2の三四郎』（小林まこと作）からは勇気とたくましさを教わり、『がんばれ!!タブチくん!!』（いしいひさいち作）にどれだけ笑ったかわからない。

だから、高校一年生の夏休みになんの気なしに読みだした『吾輩は猫である』（以下『猫』）があんまりおかしくて、息が苦しくなるほど笑いながらも、わたしは自分の身にいったいなにがおきたのかとおどろいていた。マンガが面白いのは当然としても、どうして活字ばかりの本を読んで、こんなにも腹の底から笑えるのか？　それに夏目漱石（一八六七〜一九一六）といえば明治の文豪なのだから、有名な肖像写真にふさわしく、もっと折り目正しい小説を書く人なのではないのか？

その不思議な感覚は今もからだに残っていて、わたしは漱石の『猫』によって小説を知ったことを幸運に思っている。

『猫』は、名前のない猫である「吾輩」による人間社会の風刺という体裁をとっている。中学の英語教師である苦沙弥《くしゃみ》先生の書斎に集まるのは、自称美学者の迷亭《めいてい》、苦沙弥の教え子で物理学者の寒月《かんげつ》、その友人の越智東風《おちとうふう》といった人々で、金もうけや立身出世にはとらわれず、いたって気楽に仲間との交際を楽しんでいる。かれらがくりひろげる会話のおかしさは無類のもので、わたしは『猫』を読み返しながら、今回もたっぷり笑わせてもらった。現代でいえば、「アメトーーク」や「しゃべくり007」といったテレビのバラエティー番組での芸人たちのフリートークに近いと言っても、漱石は怒らないと思う。

実際、漱石は落語が好きで、若い頃から寄席に通っていた。二〇一五年に亡くなった桂米朝師匠は横町の熊さんやご隠居さんがくらす世界を「落語国」と名づけたけれど、苦沙弥や迷亭もまちがいなく「落語国」の住人だろう。もちろんちがいもあって、漱石は『猫』の人々が日露戦争の最中《さなか》に生きていることを作中にくりかえし書いている。

中学生、高校生の皆さんも、国語の授業で『こころ』を習う前に、ぜひ『猫』を読んでみてください。

漱石の最初の長篇小説。一九〇五年一月から翌年八月まで雑誌『ホトトギス』に連載、全三巻で〇五～〇七年に刊行。苦沙弥先生の家に出入りする知識人の生態を飼い猫の視点から笑いと皮肉を交えて描く。現在は、岩波文庫、講談社青い鳥文庫など各社の文庫で読むことができる。

斜めから読む

『吾輩は猫である』夏目漱石著

円城塔

――天の橋立を股倉から覗いて見るとまた格別な趣が出る。セクスピヤも千古万古セクスピヤではつまらない。偶には股倉から『ハムレット』を見て、君こりゃ駄目だよ位にいう者がないと、文界も進歩しないだろう。

数年前まで、夏目漱石が苦手でたまりませんでした。全集に目を通してみても、作者がなにをしたいのか、何を言いたいのかよくわからない。

しかしでもまあ漱石がよくわからないというのは、文学がらみの仕事をするには致命的な気もします。とはいえ、わからないものはしかたがないです。

『吾輩は猫である』では猫が独白したりしますね。一人称は吾輩です。これは漱石がはじめて書いた小説で、実は一回目には高浜虚子の手が入っています。漱石としても、書くには書いてみたものの、ちょっと自信がありませんでした。これは果たして小説なのかと考えたかもしれません。

続き物ではなく、一回だけの読み切りの予定でした。人気が出たので続きを書くことになったわけです。

ひとりごとが、だらだらと書いてある、という印象です。読んでもよいが読まなくてもよい、という感じがします。別に読んだからといってためになるわけでもない。

この、ためになる、の部分は漱石にとって問題でした。小説なんだからためになる必要は別にないのです。というか、小説が小説であるために、ためになるかどうかは関係がない。ためになったっていいけれど、必ずしもためになる必要はない。

でもそんな、ためにもならないような小説というものは、一体なんのために存在するのか。そういう考え方は適切なのか。そうして、小説とはなんなのか。

まさにこの「小説とはなんなのか」を理解する使命を帯びて、漱石は英国へ送られました。明治政府は、工学や法学と同じく、列強と肩を並べるために文学も輸入しようとしたわけです。漱石はその使命を果たすため、古今の小説や小説論を読みあさり、ちょっと一時期、神経衰弱のようになったりもします。小説なんてものを真っ向から考え続ければ、そうなっても無理はないというものです。

漱石は、西洋の小説作法を持ち帰り、歴史をなぞり、後追いしたのだ、とつい考えがちです。でも後追いでは駄目だということは、ロンドンで苦闘を重ねた漱石が一番よくわかっていたはずです。西洋の小説作法に追いつき、追い越すところで仕事をしなければと、強く意識していたはずです。

そういうことがわかってきてから、漱石を素直に読めるようになってきました。『吾輩は猫である』であれば、もう少しあとに登場してくるヴァージニア・ウルフを読むように読んでみるとか。そうしてみると、これがすこぶる面白い。実際漱石はロンドンで、ヴァージニア・ウルフの先駆であるような作家の小説を読んでいたりします。

小説が「わかる」までひたすらにらむ、という方法もありますが、まわりをまわって入り口を探すという読み方もあるわけで、そうすると視野が急にひらけたりします。

現在は、岩波文庫、講談社青い鳥文庫など各社の文庫で読むことができる。本の詳細については七六頁参照。

◆◆◆ 手描きで奥深い世界 ◆◆◆

山崎ナオコーラ

『すゞしろ日記』 山口晃著

——すゞしろ日記が本になるという。何だか申し訳ない。だいたい、一ツ、こんなフヤけた内容で本を作ってよいのか、一ツ、そんな本を取扱う人の身にもなってみろ、一ツ、売れなくて泣くのは誰だと思ってるんだ……（端書き）

山口晃さんは、大人気の画家だ。日本の現代美術を語る上で欠かせない人になっている。

『すゞしろ日記』は、肩の力を抜いて描かれたようなイラストに、ご自身の日常についての軽いタッチの文章が添えてある、「エッセー漫画」だ。山口さんの仕事は、絵画作品でも細かさが魅力なのだが、「漫画」でもやはりそうで、白い紙に黒いペンで小さく小さく絵を描き込み、コマわりも文字も定規や活字を使わずに手で描き、奥深い世界を作り出している。

　また、絵画作品にユーモアがそこかしこに隠れているのと同じように、『すゞしろ日記』にもクスッと笑わされてしまう箇所がたくさんある。

　実際にそうなのかどうかはわからないが、『すゞしろ日記』を読む限り、山口さんはほとんどの時間を奥さまの「カミさん」と二人で過ごしている。ヒゲを生やした山口さんと、丸顔におかっぱの「カミさん」の、二人だけでほとんどの話が進む。

　ギャラリスト（美術商）をしている「カミさん」は仕事であちらこちらを飛び回っていて、素敵なお店をたくさん知っているらしく、二人でおいしそうなものをいっぱい食べている。

　読んでいる側は、食べるのが大好きな丸い顔のキャラクターをとてもかわいらしく感じるし、こういった作品では家族を茶化すように描くのが当然なので実際の奥さまがこのまんまということはないだろうと思っているのだが、やはり描かれる側のご本人は嫌になってしまうこともあるのかもしれない。

　本のページが半分ほど進んだ段階で、突然、「カミさん」が、作中で自分が「大喰《おおぐ》らいで『むはは』って笑う女みたい」に描かれていることに怒り出す。そこで、山口さんは突如、その回から、黒ぬり、セリフなしで「カミさん」を描くようになる。影だけが登場して、「……」しか喋《しゃべ》らない。読んでいて、笑いが止まらなかった。

しばらくすると、また許可が下りて、「カミさん」の顔が復活するのだが、そうするとかえって、途中の数ページだけ真っ黒になっているのが異様だ。
手すさびに作ったような本にも見えるのに、「白い紙と黒いペンだけでものすごく面白い世界が立ち上がるのだなあ」と、絵を見たときと同じような感動がやはり湧く。

画家である著者が展覧会用に制作した作品、『BRUTUS』『美術手帖』などの各誌に発表したもの、『UP』での連載などをまとめて二〇〇九年七月に羽鳥書店より刊行。一八年二月には『すゞしろ日記　参』も出版された。

自分はどこまで信用できるか　円城塔

『道化師の蝶』円城塔著

――「どうしても本を読まねばならない窮地に追いこまれたら、そう、本を読む人間を雇いますな。別にあとからあらすじを聞こうとかいうつもりもない。他人のやった要約なんてろくでもないものに決まっております。」

こうして日本文学の王道とされるど真ん中をあえて歩いてみているわけですが、そういう自分はその日本文学となるものの一体どこいらへんにいるものなのか。別にどこにもいない、というのが正直なところでしょうか。特につながらないのでは？　と素朴に思うわけですが、それはこんな感じのものばかり書いているからです。今回はさてその前に、そういうことをやろうとする自分の方ではどんなものを書いているのかという紹介です。

この作品「道化師の蝶」で賞を頂いたこともあり、よくあらすじをきかれます。これがなかなか説明しにくい。人によってはふざけていると怒りだしたり、こんなものは文学ではないと言われたりすることもよくあります。

おおむね、蝶がひらひらと、人の頭を何度も出たり入ったりしながら飛んでいくようなお話です。真面目な顔で、意味がわかりませんでしたと言われることが多いのですが、そうかたひじはって読むようなお話ではありません。気がつくと登場人物の性別が入れかわっていたり、年齢が違っていたりしますが、そういう細かいところに気づいても気づかなくても全然問題ありません。

細かいところで笑ってもらうのでも、全体を眺めて笑ってもらえるのでも、とにかく笑ってもらえるのが一番よいです。楽しんでもらえる、でもよいのですが、やっぱり笑いは難しい。泣かせるのは意外に簡単なものです。

書いたとき一番気になっていたのは、人間みんな自分には一貫性があるような顔をしているけれど、そんなにちゃんとしたものなのかな、ということです。

昨日「はい」と言ったことを、次の日に「いいえ」と言うとふつうは、嘘つきだとか、駄目な奴だとされます。自分はちゃんとしているけれど、あいつは駄目だということですね。

あいつは駄目だの方はまあそうかもしれないのですが、自分はちゃんとしている、の方は一体どれほど確実なのか。人間、思い込みの生き物です。自分では一貫しているように思っていても、細部まではどうやったって行きとどきません。自己認識は常に五割り増しで、鏡の中に見ている自分は他人が見ている自分とは違う顔をしています。かっこういい方に。

自分はきれい好きだ、と言っている人があたりにゴミを放り出すのは、嘘つきというよりも、自己認識がズレているという方が正確でしょう。

人間、全然ちゃんとしていないのではないか、ということですね。昨日の決意は忘れるし、強い誓いも、ま、いいか、と自分をごまかす。

よく知る現実よりももう一段階、観察できる一貫性のタガをはずしてみたら。このお話はそう考えて書いてみました。

表題作は『群像』二〇一一年七月号に発表され、芥川賞を受賞。Ⅰ～Ⅴの章立てのなかで登場人物や語り手が役割を交代しながら進んでいく。単行本は「松ノ枝の記」を加えた二篇を収録し、一二年一月に講談社より刊行。現在は講談社文庫でも読むことができる。

大人の機微にグッとくる

丹念に描かれる男心　窪美澄

『ゆずこの形見』　伊藤たかみ著

――そして太一はゆずこの中にいつまでも残っていた女の部分を、ようやく嫁がせたような気がして、花嫁の父親よろしく、ぐっと涙をこらえたのだった。彼女は女で母で妻で悪で聖で、やはり美しかった。足し引きすると、やはりいい女だったように思う。

私は本を読んでいて、気になる文章や、ぐっときた表現などがあると、つい、ページの端を折ったり、赤線を引く、という、あまり本にとってはありがたくない読み方をしてしまうのですが、伊藤たかみ氏の『ゆずこの形見』には、端の折れたページが多く、赤線がたくさん引いてあります。今、ページをめくってみたのですが、赤線の引き方に勢いがあるので、読書している最中、よほど興奮していたのだと思います。

この本のタイトルにある、ゆずこ、とは、この物語の主人公である太一の妻の名前です。太一とゆずこは、保育園に通うひとり息子がいる共働き夫婦。ゆずこの形見ということは、つまり、彼女はすでに亡くなっているのですが、それは北海道での不倫旅行中の出来事。その旅行先からゆずこが送った毛ガニとともに、冷凍庫にはゆずこが作って冷凍しておいた作りおきのお総菜もぎっしりと詰め込まれているのです。

ゆずこ亡きあと、息子である裕樹とのシングルファーザーとしての生活、末期がんである新井君と、彼とつきあっていたことのある原さんとのやりとりをからめつつ、ゆずこの思い出をどうやったら昇華できるのか、主人公である太一の気持ちの変化が紡がれていき、その過程で太一が間男と呼ぶゆずこの不倫相手への復讐（というより本作では形見分けと書かれていますが）を思いつくのです。

そのために毛ガニをさばくときの太一の思い。「そこにあるのはミソだ。ゆずこの部分だ。彼女の矛盾――妻であり母であり、何より女だったゆずこが煮詰まった部分だった」。これは私が乱暴に線を引いた部分の一部です。なぜ、この本に惹かれるかというと、こうした男の人の気持ちが丁寧に、丹念に描かれているからです。

多くの場合、男の人は女の人より言葉も少ないし、何を考えているのかわからないと感じることも少なくありません。けれど、こうして文字にしてもらうと、男の人の気持ちというのがとてもよくわかる（というより、こう思っていてほしい、という願望が多分に含まれていると思うのですが）。女性のことを過度に褒めてもいないし、卑下もしてもいないし、かゆい所をちょうどいい力加減でかいてくれる、男性作家が描いた希有《けう》な一冊だと思います。

『文藝』二〇一三年秋季号に「冷蔵庫の奥の形見」として発表。単行本では「ゆずこの形見」に改題し、書き下ろし「夢見入門」を加えて、一四年四月に河出書房新社より刊行された。

ストレートに性愛を

窪美澄

『花芯』 瀬戸内寂聴著

——私のからだの奥のどこかで、何かがかすかな音をたててくずれるのを聞いた。あ、と声にならぬ声を私がたて、越智がどこかを針で刺されたような表情をした。私は越智が私を感じてくれたことをさとった。（「花芯」）

私が小説家としてデビューするきっかけになったのは、新潮社「女による女のためのR‐18文学賞」という賞でした。今は、テーマは自由となっていますが、私が賞をいただいたときには、テーマはずばり「性」でした。そのときに賞をいただいた作品はデビュー作の『ふがいない僕は空を見た』（新潮社）に収められている「ミクマリ」という作品ですが、今、読み返してみても、そのストレートな描写に顔が赤くなります。

私はこの作品で生まれて初めてセックスシーンというものを書いたのですが、私自身、ごく普通の羞恥心を持った人間です。セックスを描く、ということは、ものすごく高い場所から飛び降りるような勇気が必要でした。本として発売されたあとも「ただのエロ小説」という言葉を何度も耳にしました。読んでいただければ、「性」だけでなく「生」も描いたのだ、ということがわかっていただけると思うのですが……。

今から約六十年前、女性がストレートに性愛を描いた作品として、世の批評家たちから強い批判を受けた作品があります。瀬戸内寂聴さんが瀬戸内晴美を名乗っていた頃に書かれた『花芯』です。五篇の短篇が収められていますが、表題作の「花芯」は、結婚、出産はしたものの夫を愛せなくなる主人公の園子が、夫の上司の越智と不倫後、「かんぺきな……しょうふ……」と呼ばれるまでの道程が、とても繊細で詩的な文章で綴られています。

読み返してみても、当時大きなバッシングを受けた、という事実には首をひねることしかできないのですが、「ほんとうのこと」、例えば、それが、女性自身が抱える性欲や、体と心との乖離《かいり》などについて書いたものに強い反応を示してしまう人たちがいるのは、今も昔もあまり変わりがないような気がします。けれど、私は性を書きます。読者の強い拒否反応があってもセックスシーンを書きます。それが、人間の「ほんとうのこと」だからです。

「花芯」をはじめとする瀬戸内氏の優れた作品、女性作家たちが闘いながら、表現してくれた作品の数々は、今も色褪《いろあ》せていません。その存在があるからこそ、自分は小説という世界の端っこで作品を書くことができるのだ、と心から思うのです。

表題作「花芯」は一九五七年十月に『新潮』に発表。注目を集めた一方、当時は批判の声も大きかった。現在入手しやすい講談社文庫は、ほかに四作が収められた短篇集。

内側から読む　円城塔

『舞姫』　森鷗外著

——赤く白く面を塗りて、赫然たる色の衣を纏い、珈琲店に坐して客を延く女を見ては、往きてこれに就かん勇気なく、高き帽を戴き、眼鏡に鼻を挟ませて、普魯西にては貴族めきたる鼻音にて物言う「レエベマン」を見ては、往きてこれと遊ばん勇気なし。

国語の教科書ではじめて『舞姫』を読んだときから、森鷗外（一八六二～一九二二）のことは好きでした。夏目漱石はよくわからないけれど、鷗外はわかる、という気持ちです。単語はむずかしいですが、辞書をひけば意味はわかります。ドイツ語やラテン語のカタカナ表記がかっこうよく見えたりしました。

まあ、スタイル先行ですね。僕はしばらく、「日ごとに幾千言をかなしけむ」を、「悲しけむ」と読んでいました。「か、なしけむ」だ。昔の自分よ。内容以前に日本語の段階で全然きちんと読めていない。

『吾輩は猫である』の一人称は吾輩ですが、『舞姫』の一人称は余です。なかなか最近はみかけませんね。「余」が漢語やドイツ語を交えて語るわけですからなんだかとても偉そうです。間違ったことは言いそうにない。

しかしですね。そういう装飾をはぶいて心静かに読み返すと、主人公は語学力こそあるもののかなり情けない男です。人に言われるがまま、流されるまま暮らしています。舞姫に金を貸してくれと言われると素直に貸し、同僚から、舞姫と別れよと言われると素直に別れようと思う。舞姫に子供ができたと知っても、別段何を思うわけでもありません。あげく、舞姫をとるか仕事をとるか、自分で決断することもできずに、雪の中へ倒れたりします。

駄目な人です。

さて、この『舞姫』は、手記の形で書かれています。この人物が日本へ帰国する船旅の間、サイゴン港で書いているのがこの文章です。そう、つい忘れてしまいがちですが、この文章は、主人公が自分で書いた手紙みたいなものなのです。誰あてということもなく、人に見せるつもりがあるのかどうかもわからず、ただ気持ちのままに書きつけている手記です。ただの一人称で書かれている文章というだけではなくて、公開を前提としているかどうかはわからない、非常に私的な文章だということになります。

そう考えるなら、自分に都合のよい話になっているのはむしろ当然。のぞき見しているのはこちらの方です。

自分を客観視することができない情けない男が、とても格好をつけた文章で、自己弁護を書き連ねているとして読むと、いろいろ腑に落ちてくるところがあります。『舞姫』の女性の扱いはひどすぎる、というのは言うまでもないのですが、そういうひどい男の内面を赤裸裸に書いているのだからそうなる、という見方がここでてきます。ひどい男が懸命に虚勢をはっている姿の滑稽さを描いた小説、とも読めるようになるわけです。

ナボコフの『ロリータ』を読むように『舞姫』を読むということですね。

それが鷗外の意図した読まれ方だったかというのは、また別のお話になるわけですが。

一八九〇年『国民之友』に発表された鷗外の最初の小説。九二年『美奈和集』に収録され春陽堂より刊行。自伝的要素が強い作品といわれる。現在は、岩波文庫、新潮文庫、集英社文庫など各社の文庫で読むことができる。

大人同士の距離感を学ぶ

窪美澄

『ミッキーは谷中で六時三十分』片岡義男著

――ミッキーの両腕が長針と短針だから、三時四十五分のとき、ミッキーの両腕は水平にのびる。……もっとも楽しいのは六時三十分だと、文字盤を見ながら何度目とも知れない確認をおこなっていたら、ある瞬間、突然、いきなり、「ミッキーは谷中で六時三十分」という題名とその内容のすべてを、僕は手に入れた。（あとがき）

『スローなブギにしてくれ』『彼のオートバイ、彼女の島』『マーマレードの朝』など、片岡義男氏というと、私はすぐ角川文庫の赤い背表紙を思い出します。私が中学生くらいの頃、夢中になって読んだ作家さんですが、その当時の私に作品の真意がわかっていたかどうか……。もう一度、じっくり読み返してみる必要があるのでは、と思っています。それ以来、人生の節々で私は片岡氏の作品を読んできたのですが、今でも、片岡氏が精力的に作品を書き続けておられることが、ただそれだけでうれしいのです。

そして、片岡氏ご自身も小説を書くことをとても楽しんでいらっしゃるのではないだろうか、とも思うのです。そう思ったのは、『ミッキーは谷中で六時三十分』を読んだから。この本には、谷中、高円寺、祖師ヶ谷大蔵、三軒茶屋、経堂、下北沢、吉祥寺、渋谷と、東京の街を舞台にした七篇の作品が収められています。

片岡氏の小説で魅力的だなと思うのは、女性の描き方です。物語に登場する彼女たちの服装やルックス、仕草、その人となりの描写が素直にかっこよい。「肌の色は白い。目立つほど白くて艶がある。美人でとおるだろう。静かな集中力、頭の良さ、彼女ぜんたいを支えて動かしている意志の強さのようなものは、彼女の体の動きの隅々まで、いきわたっていた」(「三人ゆかり高円寺」より)。女性に生まれてきたからには、こんなふうに描かれてみたいものだ、と思ってしまいます。

それに反して、女性たちを見ている男性の佇《たたず》まいはどこか内省的でクールです。男性に限らず、片岡作品に登場する自分は、人と接するときに、常にある一定の距離を保っている。その距離感のとり方が、大人だ！　と思うのですが、それは、中学生のときに片岡作品を読んだときの感想とあまり変わらないような気がします。私自身がまったく成長していないせいだと思いますが……。

けれど、都会的で洒脱な魅力に、最近の作品では特に、人間同士が出会って生まれるなんともいえないおかしみが加味されているように感じられます。丁寧に淹《い》れたコーヒーを飲みながら一息つきたいな、そんなときに読んでいただきたい、チャーミングな一冊です。

『群像』二〇一三年四月号〜一四年三月号に掲載。表題作ほか「三人ゆかり高円寺」「タリーズで座っていよう」など七つの短篇を収めた単行本が一四年五月に講談社より刊行された。

女をとり巻く不条理な視線

窪美澄

『ナイルパーチの女子会』 柚木麻子著

――メールの履歴を辿るうち、胃がぴくぴくと痙攣してくるのを感じる。吐く息がかすかに酸っぱいのは、昨晩、夕食の炭水化物代わりに一袋一気に食べたコンソメ味のポテトチップスのせいではなさそうだ。メッセージ受信一覧には志村栄利子の名がびっしりと並んでいる。

化けた、という言い方は好きではないのですが、柚木麻子氏の『ナイルパーチの女子会』については、作者自身が大化けした、というよりモンスターに変貌してしまったように感じられます。とにかく、読み始めてから、ページをめくる手を止めることができませんでした。その先が知りたい。それは柚木氏の持つ筆力の高さゆえです。

大手商社につとめる栄利子と、「おひょうのダメ奥さん日記」をネットに綴る専業主婦の翔子。偶然に出会った二人。栄利子が、翔子に女同士の友情を結ぼうと仕向けていくシーンは、物語が進むほどに、狂気をはらんでいきます。タイトルにあるナイルパーチとは、淡泊な味で知られる淡水魚だそうですが、ひとつの生態系を破壊してしまうくらいの凶暴性を持つ魚。ナイルパーチというこの魚の存在が、この物語の通奏低音としてあり、テーマと奥行きに影を与えています。

読み進めていくうちに、「そこまでして友だちでいなくてもいいじゃない」と何度も思ってしまうのですが、それでも本を閉じることができないのは、この物語が女性なら誰もがかすかに抱えている部分を、鋭利な刃物の先端で常に刺激してくるからです。

学校で、職場で、人の目がある公共の場所で、女性が一人でいること、一人で食事をすること、一人で過ごしていることを、恥ずかしいとか、誰かに見られたくない、と一度でも思ったことのある女性なら誰もが感じたことのある、女性という性の不条理さ。一人で食事もできる、旅行だって行ける！　と今は胸を張っていえる人にだって、その境地に至るまでに、さまざまな葛藤があったはずです。そして、女性がそう感じてしまうのは誰のせいなのか、ナイルパーチを激しい凶暴性のある要注意外来生物にしてしまったのは誰なのか、その視線を持った見えざる主の存在に思いを馳せさせてしまう力がこの物語にはあるのです。

また、翔子が心を通い合わせることができない父親に対して、ある行動をし、思いを馳せるシーンには、翔子同様、理解できない父を持った娘としての私自身が救われた気がしました。読了後、物語のあまりの凄さに心身ともに侵食されてしまうので、体力のあるときに読むことをおすすめします。

『別冊文藝春秋』二〇一二年十一月号～一三年九月号に連載、単行本は一五年三月に文藝春秋より刊行。他者との距離をうまくとれない三十代女性二人の、徐々に緊張感を増していく関係を描き、山本周五郎賞を受賞。現在は文春文庫でも読むことができる。

生きる意味を問いたい夜に

人間存在の根本を突く

中村文則

『砂の女』 安部公房著

——たしかに、部屋はあったが、床はなかった。床のかわりに、砂が、なだらかなカーブをえがいて、壁の向うから落ちかかって来ていた。思わず、ぞっとして、立ちすくむ。……この家はもう、半分死にかけている……

ハンミョウの新種を探しに砂の丘に向かった男が、砂の穴に埋まっていく家に閉じ込められてしまう。その家に住む女や村の人々の妨害にあいながらも、男は脱出を試みる——。

安部公房（一九二四〜九三）の『砂の女』は日本文学が世界に誇る小説。各国で翻訳されていて、海外でトークイベントをしても、聴衆の多くは安部公房を知っている。様々な国の作家と話していてもよくその名前が挙がる。この小説は、日本文学の最高峰に位置する作品の一つだと僕は思っている。

初めに読んだ時、圧倒的な質の高さにただただ感動した。物語性と、人間存在の根本を突く深みが同在している。

閉じ込められた男はほぼ娯楽のない状態に置かれるのだが、随分と時が経った頃、漫画雑誌が差し入れられる。男はその何でもない漫画雑誌を読み「胃痙攣《いけいれん》をおこしそうなほど、体をよじり、畳を叩いて」笑い転げてしまう。人間とはそういうものである。極度の空腹状態で食べればどんなものでも極上の味がする。それを踏まえると、人生とは、欲望とは、幸福とは、と考えずにいられない。

読み終わってからふと思い、安部公房のプロフィールを見直し、新たに感動したこともよく覚えている。当時の僕の好きな日本人作家（芥川龍之介・太宰治・三島由紀夫など）は、自殺していることが多かった。でも安部公房は自殺していない。病死である。作品を読めば彼が生き難さを抱えていたことは明らかだけど、彼はそれでもちゃんと、自分の人生を全うした。そのことが、嬉しかったのだった。

世界に誇れる自国の文化には、やっぱり触れた方がいいと個人的に思う。その時々で読まれ忘れられていく本が多い中、こういう名作と呼ばれるものには、やはり長く読み継がれるだけの理由がある。若い人にはちょっと面倒で難しくも感じるかもしれないが、文化というものは、若い頃は多少「背伸び」して触れるものだ。同世代が触れているものだけ触れていても、皆と同じような考え方しか持てない。ちょっと背伸びしてこういう「文学」を読むことで、精神的に成長(?)できるのではないだろうか。

本棚を見るとその人の趣味嗜好《しこう》や精神年齢が多少わかるものだが、時には「見栄」で小説を読むのもいいかもしれない。見栄で読んでいたのに、いつの間にか自分の内面が豊かになっていたりする。

一九六二年に書き下ろしで新潮社より刊行。砂丘の底の家に閉じこめられた主人公を描き人間存在の極限の姿を追求。読売文学賞を受賞、二十数か国で翻訳され、著者の国際的作家としての地位を決定づけた。現在は新潮文庫で読むことができる。

信頼にたる大人とは　佐川光晴

『おれのおばさん』佐川光晴著

――卓也とおれがそうであるように、人と人はお互いの何もかもを知らなくてもつきあっていけるのだし、だからこそ、いつかすべてを知っても、それまでと変わりなくつきあいつづけられるのだ。

「おまえら、そんなふてくされた顔をするな」

長男が中学二年生だったときの授業参観で、わたしはひとり憤っていた。小学生の頃からよく知ってる息子の同級生たちが、やる気のかけらもない態度で授業を受けていたからだ。前年までとのちがいにおどろき、野球部の練習を終えて夕方帰宅した息子にきくと、先生と生徒の関係がボロボロなのだという。

「いろいろ気に食わないのはわかるけど、信頼にたる大人だっているんだぞ」

そのことを証明しようとして取り組んだのが『おれのおばさん』である。「ぼくのおじさん」にしなかったのは、変わり者のおじさんでは、今の世の中に対抗できないと思ったからだ。飄々《ひょうひょう》としたセンスの良さも魅力的だけれど、それが効果を発揮するのは主に趣味の領域であって、格差が広がる一方の現代社会で生き方に悩む中学生たちを丸ごと支えることはできない。求められているのは、もっと骨太の意気ごみで、生活全般にわたって面倒を引き受ける大人ではないのか。そうして誕生したのが、おれ＝高見陽介と、おれのおばさん＝後藤恵子である。

ある日、父が横領罪で逮捕されて、中学二年生の陽介の人生は一変する。自宅を差し押さえられ、都内の名門中学も中退した陽介は、母の姉である恵子おばさんが運営する札幌の児童養護施設魴鮄《ほうぼう》舎でくらすことになる。

このストーリーには、わたしの人生もオーバーラップしている。陽介と同じ年ごろに父がうつ病を患い、家の経済状態が一気に悪化した。わたしは十八歳で神奈川県茅ヶ崎市の親元を離れて、北海道大学の恵迪《けいてき》寮に入った。恵迪寮は"Boys, be ambitious !"で有名なクラーク博士が教頭をつとめた札幌農学校の寄宿舎に由来する自治寮で、現在も全国から集まってきた四百余名の学生たちが共同生活をおくっている。そこでわたしが経験した疾風怒濤《どとう》の日々を、陽介にも味わわせてやりたいと考えたのである。

小説というと、斜にかまえた主人公が多いけれど、陽介は不遇な環境でも勉強をおこたらない。恵子おばさんの厳しくも温かい励ましを受けながら、卓也をはじめとする仲間たちに揉《も》まれて、北の大地でたくましく成長していく。
恵子おばさんが、いかなる意味で信頼にたる大人なのかは、読者自身が本書でたしかめてください。

『すばる』二〇〇九年十一月号～一〇年一月号に掲載、単行本は一〇年六月に集英社より刊行。東京の名門中学から北海道の児童養護施設へ移りたくましく成長する少年を描いて、坪田譲治文学賞を受賞。現在は集英社文庫で読むことができる。続編に『おれたちの青空』『おれたちの約束』『おれたちの故郷』がある。

頼るもののない場所で

中村文則

『審判』カフカ著

――かすんでゆくKの目には、彼の顔のまぢかに二人の男が、頰と頰とを寄せあって、決着をながめているそのさまが、なおも映った。「犬のようだ！」と彼は言い、恥辱だけが生き残ってゆくようだった。

特に何もしてないのにいきなり「有罪」と言われたら。フランツ・カフカ（一八八三〜一九二四）の『審判』は、そういう不条理な小説だ。

カフカには、ある日突然虫になったり（『変身』）、辿りつかない城の周囲をずっと辿っていたり（『城』）するような、不思議な話が多い。こういう不気味で不条理な現象や状態を、よく「カフカ的」と表現する。

作家の名前が、そのまま形容詞的に使われるほどの強烈な個性。表現者としての理想の一つではないだろうか。そういえば、アメリカに行った時「ニューヨークの空港は複雑なのでカフカ的空港と言われてる」と現地の出版社の人が言っていた。

ちなみに僕はこれまで、カフカを読んだことのない作家に出会ったことがない。作家に会う度確認してるわけでないので正確なことは言えないが、カフカの話になって「読んだことない」と言った作家にこれまで出会ったことがない。書き手にとっても、それだけ重要な作家ということになる。

このカフカの著作は持っているだけでもなかなか格好よかったりする。個人的な意見でデータも何もないのだけど、例えば女性を部屋に招く時、棚に漫画やゲームばかり並んでるより小説が並んでいた方が格好いいのではないか。「この人ただのお人好《ひとよ》しじゃなくて、こういう一面もあるんだ」と思ってもらえるかもしれない。まあ、そう思われたからってだから何だと言われたらその通りなのだけど。

ちなみに、カフカの本がビジネスバッグからちらりと見えるだけで、その会社員は一気にミステリアスな存在になる。部下からも「この人テカテカ油で光るだけのおっさんだと思ってたけど、まさかこんな一面が」と思われるかもしれない。「そういうの読むんですね」と聞かれたら「いや、はは」と照れながら本をしまうとさらにミステリアスだ。

謎めいた男性はもてる（？）とよく言われるので、一度試してみてはいかがでしょうか。タイトルが『審判』なので、裁判関係の本と勘違いされ「何か問題を抱えている」と思われる可能性もあるのだけど。

カフカの著作は読者を圧倒的な「非現実」に連れていき、その頼るもののない場所の中で、人間とは何かと問いかけてくる。持っていて格好いいだけでは当然なく、内面が揺さぶられる傑作です。

著者の死後、翌年の一九二五年に友人マックス・ブロートの手で刊行された未完の長篇小説。日本でも多くの訳文で紹介されている。現在は角川文庫（本野亨一訳）、岩波文庫（辻瑆訳）、光文社古典新訳文庫（『訴訟』丘沢静也訳）、集英社文庫（多和田葉子編『カフカ』に収録、「訴訟」川島隆訳）などで読むことができる。

個人を描き、社会に挑む　山崎ナオコーラ

『本格小説』　水村美苗著

――「好きになってしまったんでしょう。太郎ちゃんが大人になるにつれて、いつのまにか好きになってしまったんでしょう」

夢中になる本というものがある。

最初は自分がコントロールして読んでいるつもりだったのに、やがて本の方から逆に制御されている感覚に陥り、寝る時間が来ても途中で閉じられない。

正直なところ、私はこういう本が怖い。だから、私自身が書いている小説は、いつでも閉じられるような淡い内容だ。

平易な言葉を使って淡々と書いている私の小説を読んでくださっている方は、重厚な言葉を使用して知的な文章を綴《つづ》り、物語性の強い小説世界を作り上げている水村美苗さんの作品を私が愛読していることを意外に思われるかもしれない。私としても、こうやってご紹介するのは畏れ多い。しかし、人は自分に合った本ばかりを読むわけ

ではないのだ。

水村さんの『本格小説』は、まさに夢中になる小説だ。私は、上巻のときはまだゆっくりとページをめくっていたのだが、下巻に差し掛かった途端、読むのを止められなくなって一気に読んだ。怖かったが、新鮮な読書体験だった。

主人公の東太郎は代表的な日本人のキャラクターとして描かれる。彼は、初恋の成就という目的のためにアメリカへ渡って金儲けをする。

登場人物たちの極めて個人的な物語が語られるだけなのに、読み進めていくうちに、当時の日本とアメリカの関係が浮かび上がってくる。

この作品は、語りの手法、全体の構成など、エミリー・ブロンテの『嵐が丘』を踏襲している。『嵐が丘』は、現代文学の礎《いしずえ》を築いた、言わずと知れた大傑作だ。少女性の強い、妄想の膨らみから生まれてきたような狂気の物語は、読んでいてうっとりするが、どうやって金持ちになったのか、外の世界はどうなっているのか、といったことが省かれている。『本格小説』では、その辺りが緻密に描かれる。金がどうやって動くのか、差別はどうして起こるのか、仕事をすることによって最終的に何を目指すのか。文学世界だけでなく、社会にも挑んでいる。

私は『本格小説』を社会派小説と捉えている。個人的なことをちまちま語ることによって社会を描く、というやり方に日本文学の可能性が垣間見える。「私も社会派小説が書きたい」と、この小説を読んで強く思った。

『新潮』二〇〇一年一月号～九月号、〇二年一月号に連載、単行本は〇二年九月に上下巻で新潮社より刊行。日本語による「私小説」形式でない恋愛小説を問い、読売文学賞を受賞。現在は新潮文庫（上下巻）でも読むことができる。

世界文学の最高峰

中村文則

『カラマーゾフの兄弟』ドストエフスキー著

――老審門官にしてみれば、たとえ苦い恐ろしいことでもいいから、相手に何か言ってもらいたかった。だが、相手はふいに無言のまま老人に歩みよると、血の気のない九十歳の老人の唇にそっとキスするのだ。

誰が父親を殺したのか、というミステリーであると同時に、神とは、人間とは、この世界とは何かを問う純文学でもある。

このドストエフスキー（一八二一～八一）の『カラマーゾフの兄弟』は、世界文学の最高峰に位置すると言っていいのではないだろうか。

化け物のような色欲を持つ父の下に、激情家の長男、無神論者で虚無主義者の次男、「善良な」キリスト教徒の三男、そして虚無主義の影響を受けた使用人（実は彼も兄弟）がいる。父親と長男と女性の三角関係と、長男と次男とまた別の女性の三角関係が重なり合う。この人間ドラマは圧倒的だ。

しかし、文学をあまり読み慣れてない人が、いきなりこの小説を読むのはしんどいかもしれない。いろんな小説を読んで「さあいよいよ」という感じで読むのが理想かもしれない。この小説は、再読するとまた違った装いを見せる。小説というのは大抵そうだが、読んだ時期、年齢、その人生の状況で響き方、理解の仕方が全く変わって来る。なので、一読して「つまらなかった」と断言する意見はあまり意味がない（でもそう思ってしまうのも仕方ない）。

ドストエフスキーは大変な女性好きで、賭博狂だった。革命を志した激情家だったし、底知れぬ暗部も抱えていた。しかし同時に、熱烈なキリスト教の信者であり、ヒューマニストでもあった。この引き裂かれた性質が、そのまま小説に立ち現れている。ちなみに彼は、自分のさまざまな持ち物を質に入れた。スプーンやズボンまで質に入れた。

今や世界中で読まれてる名作だけど、当時『カラマーゾフの兄弟』は、上下巻それぞれ三千部という少部数で刊行された。当時の批評家たちから相当悪口を書かれた作家でもあった。それらの批評家は、現在では読む力が欠如していた存在と認識されるようになってしまった。いや、もはやそれらの名を知ってる者もほぼいないだろう。

人の作品をけなすのは気持ちいいのだろうけど、後々、自分の大きな恥を曝《さら》す結果となる危険もある。それもまた、文学の面白い所の一つだ。

　この小説を読んでなければ、僕は小説家になっていないと思う。当時地方の大学生だった僕を、百年以上も前のロシアの作品が根底から揺さぶった。本物の文学は国境も時代も超える。

　あの頃僕は自分のことを鬱々とした学生だと思っていたが、今振り返れば、幸福な読書体験で日々内面を揺さぶられていた、幸福な学生だったのだと思う。


一八七九〜八〇年に発表された著者最後の長篇小説で、生涯を通じてのテーマであった神の存在や人間の本質について集大成した傑作。日本では大正初めから英訳・邦訳によって読まれてきた。現在文庫では、岩波文庫（全四巻、米川正夫訳）、新潮文庫（全三巻、原卓也訳）、光文社古典新訳文庫（全五巻、亀山郁夫訳）で読むことができる。

少年時代は万国共通

佐川光晴

『よろこびの日』　I・B・シンガー著

——わたしは一枚のルーブリ貨を手にするなり家をとび出した。思いっきり世の中の楽しみとやらに浸ってやろう、あこがれの好きな品々をこころゆくまで満喫してやるんだ、そうわたしは決心した。
（「よろこびの日」）

本を贈る。うるわしい行為だけれど、これほど選ぶのが難しいプレゼントもないだろう。実際、わたしは自著以外の本を人に贈ったことがない。これからもしない気がするけれど、近頃は、書名も著者もわからないようにきっちり包装された本を売っている書店もある。そこで勇気をふるって、この本を読んでいるきみにプレゼントするつもりで、一冊の本を選んでみようと思う。

プレゼント用の包装紙をといて『よろこびの日』があらわれたら、きみは表紙を飾る幾何学的な花模様の静謐《せいひつ》な美しさに目を奪われるにちがいない。岩波少年文庫は新書に近いサイズだから、よけいに意表を突かれたはずだ。同時に、あまり高い本でないことにホッとしたかもしれない。

「シンガーって、誰？」と、きみが思うのは当然だ。ノーベル文学賞作家だけれど、アイザック・バシェビス・シンガー（一九〇四〜九一）について詳しい人は、小説家にだってごく少ないからだ。イディッシュ語という、ドイツ語圏に住むユダヤ人が用いていた言語にスラヴ語が交じった言語で創作をしたワルシャワ育ちのユダヤ系アメリカ人と付け加えても、さして親近感は湧かないと思う。それでも、ひとりの子どもが育っていくなかで経験する切実な出来事は万国共通だから、『よろこびの日』を読み進めるうちに、きみはシンガーの自伝風物語に引きこまれていくはずだ。

ワルシャワのなかでも貧しい人々がくらす地区に住むシンガー少年は、ある日、おこづかいを全部つかってみようと思いつき、辻馬車に乗ってお金持ちの気分を味わう。ところが、ちっともすっきりしない。また、つまらないことで友だちとケンカをしたシンガー少年は退屈をまぎらわそうと本を読み、孤独な思索のときをすごすうちに、勉強をする喜びに目覚めていく。

シンガーを育んだ古き良きワルシャワのユダヤ人社会は、ヒトラーのナチスドイツによる破壊と殺戮《さつりく》によって、この世から消滅させられた。生き延びたシンガーは、六十歳を過ぎて、本書に収められた「お話」を書いた。「わたしとは何者なのか」を知るためには、「わたしはいかなる人々とともに生きてきたのか」を明らかにしなければならないからだ。小説家の努力により、シンガー家の人々や同胞であるユダヤ人たちが築きあげた生活は不滅のものとなった。

本を通じて、人と人が時代や文化を越えて豊かにつながることを願い、きみにこの本を贈ります。

副題「ワルシャワの少年時代」とするユダヤ系アメリカ人の自伝的物語。一九九〇年七月に岩波少年文庫として刊行。文章のあいまに一九三〇年代のワルシャワのユダヤ人街の写真が収録され、当時の様子がわかる。著者はアメリカに移住後もイディッシュ語で創作を続けたノーベル賞作家。

やわらかい知性

息子への感謝が歌に

『オレがマリオ』 俵万智著

——醤油さし買おうと思うこの部屋にもう少し長く住む予感して

山崎ナオコーラ

　私が初めて書評を書いたのは、俵万智さんの『プーさんの鼻』という歌集についてだった。まだ赤ちゃんだった息子さんのことを詠んだ歌がたくさん収められた本だ。作家になりたてだった私は勇んで執筆したのだが、

「書き直し。書評を書く際は、著者の本を最低三冊は読んでから書くこと」

と編集者さんに駄目だしをされた。

『サラダ記念日』『チョコレート革命』などをリアルタイムで読んではいたのだが、新作のみについて拙《つたな》い文章でつづったのだから、そう言われても仕方ない。いそいで書店へ行き、歌集や小説など、当時書店にあった俵さんの著作を全てそろえて読み直し、悩みながら書き直した。「もともと言葉というのは、自分で発明したものではない。長い長い歴史が作ったものだ」「俵万智の恋愛の歌が受け身に見えるのは、作者

が恋に対して受け身だからというよりも、『周りの人のおかげで歌が生まれる』と、その感覚をすっごく楽しんで作っているからなのかもしれない」。生意気だが、このように書かせていただいた。

自分の中を探るのではなく、世界を信じ、他者を愛することによって、言葉が光っていくと、きっと俵さんは思っている。赤ちゃんによって研ぎ澄まされていく言語センスは本当に素晴らしかった。

第五歌集『オレがマリオ』では、あの赤ちゃんが、もう十歳になっていた。

仙台に住んでいた俵さんは、東日本大震災を機に沖縄の石垣島へ移住したらしい。その過程が歌になっている。

「オレが今マリオなんだよ」島に来て子はゲーム機に触れなくなりぬ

完璧な言葉遣い。優等生っぽい言葉の運びが俵さんらしくて、「ああ、これだよ」と拍手したくなる。てらいがなく、ストレートだ。俵さんの歌の源は感謝の心にある。誰かと触れ合うことによって言葉が生まれる。誰かが新しい言葉を教えてくれる。それをすごくありがたがり、面白がる。息子さんに対する感謝が歌の源なのだ。

インタビューで俵さんが何度も語っているように、歌にはフィクションが混ざっているのだろうとは思う。でも、「歌人が生活の中で詠んでいる」という体《てい》で発表されるので、読者はまるで俵さんの人生を追っているかのような気持ちでページをめくることになる。同じ時代を生きている歌人は宝物だ。今がすごく良い時代に思えてくる。

震災をはさんで八年ぶりの第五歌集。二〇一三年十一月文藝春秋より刊行。石垣島の自然や暮らし、子どものみずみずしい感性に影響を受けた作品など、全三四一首を収録。現在は文春文庫でも読むことができる。

知の巨人の人柄が伝わる

佐川光晴

『丸山眞男集』　丸山眞男著

——母は非常に如是閑を尊敬していたのです。内心はうちのおやじよりも尊敬していたのじゃないでしょうか。その点、おやじもコンプレックスがあったように思うのですよ。女房が友人の如是閑を旦那より尊敬していたというのは……（笑声）。

作家になってうれしかったことは多々あるが、デビューから六年目に自作が文庫本になったときには、「ようやく一人前になれた」と思い、喜びを噛《か》みしめた。単行本なら千二百円はするのに、文庫本だと四、五百円だ。それだけたくさんの人が読むに値すると出版社が認めてくれたわけで、本当にうれしかった。

そうは言いながらも、やはり単行本で読んでほしいという気持ちもある。これは実作者に共通の願望ではないだろうか。文庫本より二回りは大きいサイズの上質な紙に大きめの活字、しっかり造られた単行本には長い月日に耐える存在感があるからだ。

そのうえをいくのが全集本で、大抵は一冊ずつ丈夫で美しい箱に収められており、紙質といい、造本の見事さといい、素晴らしいの一言に尽きる。もちろん値段も高いので、図書館で借りてでもいいから、ぜひ一度手に取ってみてほしい。

今回薦める『丸山眞男集』はほとんどの公立図書館に揃っているのではないかと思う。丸山眞男（一九一四〜九六）は戦後日本を代表する知識人で、米ソの冷戦下で再軍備に向かおうとする勢力に対抗して、平和と民主主義を推し進めるために尽力した。『日本の思想』（岩波新書）は、日本人の思考形態を巧みに分析した名著だが、入試問題によく使われるという理由で読む人が多いらしい。また丸山は、いわゆる知識人の代表と目されて、頭でっかちで人情味のない人物だとのあらぬ批判をいまだに受けている。

そうした誤解をとくために最適なのが、第十六巻に収められた「如是閑さんと父と私」である。眞男の父・幹治は大正から昭和初期にかけて活躍した政論記者で、眞男は父の友人であるリベラリストの長谷川如是閑《にょぜかん》や、伯父で国粋主義者の井上亀六といった多士済々《たしせいせい》な人々と家族ぐるみで交際する環境で育った。座談会という体裁もあり、丸山は終始フレンドリーで、丸山家のファミリー・ヒストリーについても率直に語っている。関東大震災から日中戦争へ、さらに太平洋戦争から敗戦へと続く激動の時代に翻弄《ほんろう》されてゆく自他のありさまを語る丸山の口調からは、情理をわきまえた誠実な人柄が伝わってくる。

折しも自衛隊活動の拡大を図る安全保障関連法案が成立し（二〇一五年九月）、憲法九条に基づく専守防衛を根幹としてきた日本の政策が大きく転換されようとしている。意見を異にする相手を一方的にこきおろすのではなく、互いを尊重し合いながら討論することの大切さを丸山眞男は教えてくれる。

『丸山眞男集』全十六巻、別巻一は一九九五年から九七年にかけて岩波書店より刊行。十六巻「雑纂」にはインタビューや追悼文など様々な文章が収録されている。座談会「如是閑さんと父と私」は八四年十二月一日新宿京王プラザホテルにて行われた。

眠れぬ夜にあらわになる世界

窪美澄

『ねむり』村上春樹著

——そう、私は文字どおり眠りのうちに生きていた。私のまわりで、私の中で、あらゆるものが鈍く重く、どんより濁っていた。自分がこの世界に生きて存在しているという状況そのものが、不確かな幻覚のように感じられた。

本を読むことは子どもの頃から好きでした。とはいえ、本を無制限に買ってくれるという家庭ではなかったので、学校の図書館はもちろん、実家のそばにあった市立図書館から、借りられるだけの本を借りては読みつくしていました。

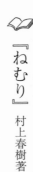

高校に入った頃、家の近くに古本屋さんができて、文庫を安く手に入れることができるようになりました。夏目漱石や太宰治や三島由紀夫など、文庫で出ているものをまとめて一気読みしたのもこの年齢の頃です。

小説というのはなんだかとてもおもしろいものだ、と思い始めていたわけですが、やはり、それは今いる自分の時代とはかけ離れた世界のお話なのだ、という思いもありました。そんなときに出会ったのが村上春樹氏の小説です。

ひな鳥が生まれて最初に見たものを親だと認識してしまう、という話がありますが、村上春樹氏は私にとって、そういう作家です。まだやわらかく、若い心を持っていたときに出会ってしまった村上氏の小説は、自分と同じ時代の空気を吸っていて、誰にでもわかりやすい言葉で、新しい小説の世界を見せてくれた、最初の作家であったのです。

村上春樹氏の小説のなかから一冊選ぶ、というのは私にはとても難しいことなのですが、村上春樹の小説は一冊も読んだことがないという方におすすめしたいのが『ねむり』です。主人公はある日突然、眠れなくなった一人の主婦。夫は歯科医師、子どもにも恵まれ、何不自由ない生活をしています。けれど、一見満たされているような彼女の生活に不穏な何かが忍び寄り、彼女の眠りを食い荒らしていくのです。

眠れない日々が続くことで、今まであえて視線を向けていなかった彼女の本心が暴かれていく過程は、いわば、彼女の「めざめ」の過程でもあります。淡々とした筆致、足の裏が地表にしっかりとついた物語の運びだからこそ、今まで考えたことも、感じたこともなかったことを考え、感じてしまう彼女の恐怖がしんしんと伝わってきます。

この本にはドイツの女性イラストレーター、カット・メンシック氏のイラストレーションが添えられていますが、その作風が物語の不穏さをよりいっそう高めていると思います。眠れぬ夜にぜひお読みください。

初出は『文學界』一九八九年十一月号、単行本『TVピープル』(一九九〇年一月、文藝春秋)に「眠り」として所収。二〇一〇年十一月に改稿しイラストを添えた『ねむり』が新潮社より刊行された。

ひらかれた精神を育むには

佐川光晴

『オーウェル評論集』ジョージ・オーウェル著

――便所は戦争文学ではあまりにも使い古された材料だけに、なるべくなら触れないでおきたいところだが、ただわれわれの兵舎の便所が、私がスペイン内戦について描いていた夢をまずぶちこわしたことだけは述べておかなければならない。(「スペイン戦争回顧」)

「ミツハルは、はやとちりだから」とは、母がしばしばわたしに与えた忠告である。「くやしいが、そのとおりだな」というのがわたしの感想で、人生の岐路に立ったびに母の言葉を思いだし、ひと呼吸おくようにしてきた。もっとも、それで決意が鈍ったこともなかったので、母の忠告が実際にどこまで効果があったのかとなると、きわめて怪しい。

正義感の強さと、それと裏腹の迂闊《うかつ》さは、どちらも若さにつきものなのだから、はやとちりを恐れていてはなにもできはしない。見通しの定かでないまま飛びこんだ新しい世界でどうにかして自分を通用させることで、人はひらかれた態度を身につけてゆく。

ジョージ・オーウェル（一九〇三〜五〇）の『カタロニア讃歌』を読んだのは二十歳の頃だったと思う。「おれ以上のはやとちりだな」というのが真っ先に浮かんだ感想で、なにしろ「新聞記事でも書くつもりで」イギリスからバルセロナにやってきた二十三歳のオーウェルは革命の熱気に感激し、ただちに民兵としてスペイン市民戦争に参加してしまうのだ。わたしは自分の同類が身を投じたスペイン内戦のルポルタージュを手に汗を握りながら読んでいった。

『動物農場』『1984年』の二作が有名だけれど、オーウェルの作品は小説よりもエッセーやドキュメンタリーのほうがよりすぐれている、というイギリス人批評家の意見にわたしも賛成する。その好例が『オーウェル評論集』1〜4といえるだろう。

一九〇三年生まれのオーウェルは名門のイートン校に通いながらも上流階級を嫌い、植民地ビルマ（現ミャンマー）に警察官として赴いて、イギリス帝国主義を憎むようになった。そしてイギリス本国の労働者たちも植民地の人々と同じように搾取されているかどうかを突き止めるためにロンドンでどん底生活を送る。しかし、第二次世界大戦が始まると祖国愛からBBC放送でインド向けのラジオ番組を制作し、多くの文学者を起用した。またエッセー「As I Please」の連載で多くの人々からの信頼を得た。日本では、小林秀雄と中野重治がオーウェルより一歳上になる。二人とも同時代の日本では傑出した論客であり、それぞれの誠実さで困難な時代と向き合ったが、フェロウシップ（連帯）を結ぶには至らなかった。

ひらかれた精神とはいかなるものか、ひらかれた精神を育むにはどのような土壌が必要なのかを、オーウェルは今もわたしたちに教えてくれる。

オーウェルのエッセー・評論からテーマごとに編まれた全四巻の評論集。川端康雄編で、一九九五年に平凡社ライブラリーとして刊行、二〇〇九年に新装版。各巻タイトルは「１象を撃つ」「２水晶の精神」「３鯨の腹のなかで」「４ライオンと一角獣」。

一族の歴史に光を当てる

中村文則

『百年の孤独』

ガルシア＝マルケス著

——うつぶせにした時である。彼らは初めて、赤ん坊にほかの人間にはないものがあることに気づいた。かがみ込んでよく調べると、何とそれは、豚のしっぽだった。

電車の中で、スマートフォンを見ている人は実に多い。七人掛けの長い座席に座った全員が、揃ってスマホを見ているどこかSF的な光景もたまにある。

電車の中ならいいのだけど、込んでいるホームでスマホを見ながら歩くのはやめて欲しい。見てる本人も、周りの人も危ない。そういう人は大抵、スマホでゲームをやっている。ゲームには中毒性があるので仕方ないのだけど、歩きながらやるほどのことではないのではと思う。

本を読む行為は格好いい、と僕は思ってるのだけど、皆さんはどうだろうか。例えば、僕のような目の下のクマが酷い無気力なパンダのような男ではなく、お洒落で素敵な男性が電車の中でガルシア＝マルケス（一九二八〜二〇一四）の『百年の孤独』を読んでいたら格好いい。同じく女性が電車の中で、アガサ・クリスティの『そして誰もいなくなった』とかを読んでいたら格好いい。この人は素敵なだけでなく、きっと内面に深みがあると思われるのではないだろうか。まあ、思われたからってだからどうした、と言われたらその通りなのだけど。

「スマホで電子書籍を読んでるかもしれないじゃないか！」

と言われるかもしれない。電子書籍は旅行で大量の本を持ち歩けない時には便利だけど、通勤中は大抵一冊だし、別に本でいいのではないかと（個人的に）思う。なぜなら、僕たちはただでさえ「自ら光る画面」に囲まれ生活してるからだ。

パソコンの画面は自ら発光する。テレビもゲームも携帯電話もそう。しかし本は自ら光るわけでなく、当てられた光で読む。太陽に対しての月のようなもの。

電子書籍とリアルな紙の本では、読んでいる時の脳の働き方が違うとの研究結果もあったりするが、要するに、デジタルとアナログを使い分ける生活がいいと個人的には思っている。街の生活に疲れ、たまに自然に囲まれにいくような感覚。パソコンや携帯電話の電子画面を見て疲れた後、そっと本を読む。そっちの方が、

ＯＮとＯＦＦのような感じで、生活にメリハリが出るのではないだろうか。
ちなみに『百年の孤独』は読んでいて格好いいだけでなく、ある一族の歴史を描いた傑作です。ラストがとにかく素晴らしい。読み終わった時、タイトルの意味がじわりと面前に立ち上がってくる。

一九六七年スペイン語で発表され、日本語全訳は七二年に新潮社より刊行。九九年には改訳版刊行。架空の土地マコンドのブエンディア一族の百年にわたる年代記を、現実と幻想を交えてつづる壮大な物語。世界各国で翻訳され、その後の多くの芸術作品に影響を与えた。

❖今を楽しく生きるために❖

山崎ナオコーラ

『岩波国語辞典』

――あきら‐める①【諦める】〔下一他〕とても見込みがない、しかたがないと思い切る。断念する。「夢を—な」「仕方ないと—」▽(2)からの転。②【明らめる】〔下一他〕事情・理由をはっきり見定める。▽今日では余り使わない。

『岩波国語辞典』第七版の装丁デザインをしたのは、名久井直子さん。ピンク色の箱に、薄紫色の表紙。可愛《かわい》らしい辞書だ。表紙の隅に草の蔓《つる》の模様が小さく押してある。私はこの本を、誕生日に夫から贈ってもらった。夫が使っているのを見て、私も欲しくなったので、「それと同じのをくれ」と指定した。

寝る前に「あ」のところから、一ページずつ読んでいくことにした。気に入った言葉に色を塗り、記憶するように努める。だが、頭が良くないので大概は忘れてしまう。翌日の夜、色が塗られた言葉を見て、「あれ、こんな言葉あったっけ?」と思う。それでも、新しい言葉を覚えようとするのは楽しい。

実家に分厚い『大辞林』がある。それは確か、父親がある日突然向上心を抱いて買ってきたものだった。私は子ども時代や十代のときに、手すさびにぱらぱらめくっていた。辞書というのは、わからない言葉に出会ったときに調べるというのが基本の使い方なのだろうが、本の形をしているので、やはり「読書」したくなる。前から順番に、というのでなくても、ぱっと開いたところを読むとか、イラストのあるところを眺めるとかは、多くの人がしているのではないだろうか。

その父は数年前に亡くなった。闘病生活の中、日に日に衰えていき、ペンさえも重く感じて文字を書くのが大儀になってきたらしいのに、本当に動けなくなるぎりぎりまで、毎日私と母が持ってくる二紙の新聞を読んで、知らない言葉に出会うと、ノートに書き写していた。もともとは定規で引いたようなきっちりとした文字を書く人だったのだが、そのときはもう、ふにゃふにゃの読みにくい字になっていた。父は、おそらく死期を察していた。それでも初めての言葉に出会うと覚えようとする。その姿勢を見て、言葉のなんたるかを私は知った。「人に何かを伝える」「未来に向かって思考する」などという用途のみではないのだ。「新しく言葉を知る」というそれ自体に意味がある。言葉は死ぬ直前まで人間に活力を与える。

私は将来のために読書をすることや、未来に役立てるために勉強することが嫌いだ。今を楽しく生きるために学ぶのだ。子どもだって大人になるためだけに生きているのではない。ぜひ、「今」のために言葉と出会ってほしい。

初版は一九六三年に岩波書店より刊行、最新の第八版は二〇一九年十一月発行。一八〇四頁、六万七〇〇〇語を収録。

さかのぼって読む

円城塔

『羅生門』芥川龍之介著

——この時、誰かがこの下人に、さっき門の下でこの男が考えていた、餓死をするか盗人になるかという問題を、改めて持出したら、恐らく下人は、何の未練もなく、餓死を選んだ事であろう。

一度根っこのところに戻ってみて、小説を読むということは、一体何を読むことでしょうか。

まあ、文字を読むわけですが、アルファベットを読めるようになったから英語を読めるようになるわけでもないように、単語を覚え、文章を扱えるようになり、何が日本語で何は日本語ではないかの判断がつくようにならなければ本を読むことは難しいです。

では一冊の本を通して読むと、その本を読んだことになるのかというと難しいところがあって、何かの本を論じている本であるなら、もとの本も読まないと意味がわからないかも知れませんし、元ネタがあるならそちらを読む楽しみもあります。

このエッセイは、とりあげる本を買ってきて読み返しながら書いていますが、『羅生門』とは『今昔物語』も一緒に買ってきました。『羅生門』が『今昔物語』収録のお話の翻案であることは有名ですね。

芥川龍之介（一八九二〜一九二七）には翻案の小説が多くあります。研究がたくさんありますから元ネタとなったお話が何なのかはすぐに調べることもできます。ということは、両者を見比べると、芥川が、昔のお話を小説に書きかえるために何を足して何を引いたかを見ることができるわけですよ。これはよくよく考えてみると、ちょっと思うよりすごいことです。

だってその秘密がわかれば、古典を現代の小説に変換する一般的な方法がわかるかもしれないからです。まあ、そう単純なものではないでしょうけれど、なにごとにも第一歩はあります。

『今昔物語』にある「羅生門の上層に登りて死人を見たる盗人の話」は、ほんの短い新聞記事のようなものです。羅生門に上った盗人が、死体の髪を抜いてカツラをつくるのだという老婆から、服と髪を奪い獲ります。

芥川はまず盗人を、仕事を失った下人へ変更しました。これによって『羅生門』は、下人が老婆から強盗をして盗人になるという、人間の変貌を描く話に変わりました。

　そうして下人の内面描写を加えました。ただし、一人称ではなく三人称で。三人称は、これこれこういうことがあったので、それぞれそういうことになったのだ、という因果関係を明確にするのに適しています。自分語りはまず信用できないですからね。

　そこへとさらに、論理を加えました。老婆は、死体から髪を抜くのは、そうしなければ自分が死んでしまうからだ、何が悪いと開き直るわけですが、下人はそこでこう答えます。それならば自分も老婆から服を奪わなければ死んでしまうのだから恨みっこなしだ、と。

　おみごと。と、いう読み方をしてみるのはいかがでしょうか。

著者がまだ文壇で知られる前の一九一五年、『帝国文学』に柳川隆之介の筆名で発表。一七年に「鼻」「芋粥」とともに第一短篇集『羅生門』として阿蘭陀書房より刊行。現在は岩波文庫、新潮文庫、文春文庫、ちくま文庫（全集）など各社の文庫で読むことができる。

〝戦争〟がここにある

内側から見る戦争文学

中村文則

『俘虜記』 大岡昇平著

――私が今ここで一人の米兵を射つか射たないかは、僚友の運命にも私自身の運命にも何の改変も加えはしない。ただ私に射たれた米兵の運命を変えるだけである。私は生涯の最後の時を人間の血で汚したくないと思った。

『俘虜記』は日本の代表的な戦争文学。著者の大岡昇平（一九〇九～八八）は実際に太平洋戦争に参加している。当時はまだプロの作家でなかったが、彼は無残な戦争を経験しこの『俘虜記』を書き文壇に本格的にデビューする。後の大作家の素質をもった兵士が戦争に参加していたことになる。

なのでこれは、フィリピン戦線における貴重な資料でもある。物語は基本的に実話だ。

テレビでの戦争報道は、その様子を「外部」から伝える。でも小説はそれを「内部」から描き出す。実際に戦争を経験している人間の内面を、一人称で内側から語り続ける。しかもこの『俘虜記』の著者は（繰り返しになるが）実際に戦争を経験した元兵士である。さらに傑作。こんな貴重な本はそうはない。

僕たちは戦争を「遠くの空爆」として感じてしまう。そこにいる人々の内面まで想像力を働かせようとする時、このように現象を内側から見る戦争文学が役に立つ。同時期に活躍した三島由紀夫は戦争を賛美する発言が多かったが、彼は当然戦争に参加していない。

法律が変わり、自衛隊が集団的自衛権の中に巻き込まれようとしているが、それを政治的に語るのは簡単である。アメリカが欲するものの一つは、「戦争が終わった後」に、民家などに潜むテロリストを探し出す「治安維持」の歩兵だろう。言うまでもなく、最も攻撃され命を落とす危険が高い。一度集団的自衛権を行使すれば、現実に押し切られ際限がなくなる。

銃を構え、民家のドアを開ける。出迎えた女性や子供は家に夫（例えばテロリストたちの元連絡係の一人）はいないと言う。しかし隠れてる可能性がある。

女性の目つきが怪しい、と銃を構えた彼は思う。先日、女性が突然自爆テロをしてきた事件があり、同僚が死んでいた。動くな、止まれ、と彼は思う。女性が何か出そうとしている。鼓動が激しくなる。撃たなければ殺される。ここは一瞬の躊躇《ちゅうちょ》が死を招く場所。撃たなければならない。撃たなければ自分が――。目の前で母を殺された子供が泣き叫ぶ。女性が取り出そうとしていたのは無実の証明、夫の死亡診断書だった。撃った側は茫然《ぼうぜん》と立ち尽くす――。例えばそのような壮絶な経験をし、傷ついた自衛官たちを我々はどのように迎えるだろうか。ちなみに米兵に精神を患う方たちが多いのは周知の事実だ。

戦争を簡単に語ってはならない。その悲惨さに想像力を働かせることができる一冊。

『文學界』一九四八年二月号に、戦場でアメリカ軍の捕虜となる状況を描いた短篇「俘虜記」を発表。続いて捕虜生活を描いた連作を各誌に発表し、五二年に合本『俘虜記』を創元社より刊行。現在は新潮文庫で読むことができる。

冷静、緻密な自己分析

佐川光晴

『俘虜記』大岡昇平著

――私の三十五年の生涯は満足すべきものではなく、別れを告げる人はあり、別れは実際辛かったが、それは現に私が輸送船上にいるという事実によって、確実に過ぎ去った。

わたしは一九六五（昭和四〇）年生まれで、五十五歳をむかえた。高度経済成長期の真只中に育ったわけだが、子どもの頃は戦場で負傷した傷痍《しょうい》軍人を街で見かけたこともあったし、昭和十三年生まれの父と十四年生まれの母からは、よく戦中戦後の苦労話を聞かされた。『俘虜記』は、戦争文学の金字塔として、大学生なら当然読むべき小説として手に取ったのをおぼえている。

大岡昇平を再読し、没頭するようになったのは秋山駿氏の評論のおかげなのだが、そこには三十歳を過ぎたわたしの年齢も大いに関係していた。

大岡昇平は十六、七歳から文学を志し、小林秀雄（一九〇二～八三）や中原中也（一九〇七〜三七）といった年長の俊英たちと知り合うが、いっこうに芽が出ない。やむをえず二十九歳で就職し、三十歳で結婚。一女一男をもうけたものの、昭和十九年に三十五歳で召集され、激戦のフィリピン・ミンドロ島に出征する。翌年一月二十四日に米軍の攻撃を受けて山中を彷徨《ほうこう》し、翌二十五日に俘虜となった。敗戦から約四カ月後の十二月初旬に復員して、二十一年四月から五月にかけて「捉《つか》まるまで」の章を書く。潰走中に遭遇した若い米兵をなぜ射《う》たなかったのかをめぐる名高い省察により、大岡は小説家として覚醒する。

読者には、まずはこの章だけでも読むことをすすめたい。間近に迫った死を見すえながら、大岡は自己の尊厳にかけて冷静かつ緻密に自身の行動と心理の推移を分析してみせる。

もっとも、三十歳過ぎで再読した際には、「私の三十五年の生涯は満足すべきものではなく」といった、ごく平凡な述懐のほうに、わたしは深く共感した。

当時、わたしは牛の解体作業に熟達しつつあり、同僚たちとの関係も良好だったが、「おれの人生は本当にこれきりなのか」との思いも頭を去らなかった。ただし大岡と同様、わたしにも妻子がいて、生活を大きく変えようがないのもわかっていた。

「わたしなりの『俘虜記』を書きたい」

われわれが毎日百頭もの牛をどのように解体しているのか、わたしがどうしてこの職業を選んだのかを書き記したいとの気持ちから、わたしは生まれて初めて創作に挑んだ。そうして書き上がった「生活の設計」は二〇〇〇年に文芸誌の新人賞を受賞し、わたしは作家としてデビューした。

現在は新潮文庫で読むことができる。本の詳細については一四八頁を参照。

誰もが人生の主人公

窪美澄

『楡家の人びと』 北杜夫著

——伊助は、ほうほうと立ちのぼる湯気にまみれて手慣れた手つきで大釜の飯をかきまわし終ると、いつものように長く言葉をひっぱって、しわがれ声をだした。「ほうれーえ」これが合図であった。大勢の従業員がばらばらと寄ってきて、飯を容器に移しはじめた。

長い、長い小説です。三部作の小説なんて、読み切れるかな、と思ってしまうかもしれません。けれど、ページをめくり出してしまえば、そんな不安は瞬く間に消失してしまうでしょう。『楡家《にれけ》の人びと』は、東京・青山にあった「楡病院」を舞台に、北杜夫氏が自身の家族をモデルに描いた物語です。

一代にして楡病院を築き上げ、衆議院議員にもなった楡基一郎をはじめとして、北氏の実父である斎藤茂吉をモデルにした徹吉、基一郎の長女であり、徹吉の妻である龍子、また、北氏自身でもある周二と、楡家の人びとも、たくさん登場しますが、私にとって、特に印象が強いのは、彼らを取り巻く人たちです。最初の登場シーンが印象的な、病院の賄いをしている伊助、独特の口調で新聞を朗読するビリケン、楡家の子どもたちを献身的に支える下田の婆《ばあ》やなど、その人物描写は、とてもリアルで、奥行きをもった人間として目の前に立ち上がってくるようなのです。誰もが物語の端役ではなく、その人生の主人公として生きているということを訴えかけてくるかのように。

楡基一郎を中心に、まだのどかな時代が描かれる上巻から、次第に世の中がきな臭くなり、太平洋戦争開戦、空襲による病院の焼失、そして戦後へと、物語は流れていくのですが、ごく普通の人たちがいつの間にか戦争に巻き込まれていく様子には恐怖すら感じます。戦地に行ったら、どんな生活が待っているのか、空から焼夷弾《しょういだん》が降ってくるとはどういうことなのか、戦争によって起こる飢えとはどんなものなのか、私はこの物語で、実際に体験したことのない戦争とは何か、ということをたくさん学びました。だから、ぜひ、この本をたくさんの若い方たちに読んでほしいのです。

戦後の食糧難のなか、どうにもこの人はヒステリックで冷たそうで好きになれない、と感じてしまうある人物が、パンに混ぜる茶がらを粉砕器に入れるシーンで、この長い物語は幕を下ろします。有事のとき、負けるものか！　と、まっ先に生活を立て直し、生き始めようとするのは、やっぱり女性なのだなぁ、と感じるのと同時に、そうだ、この女性は北氏の母がモデルであった、ということに私は深い感慨を覚えるのです。

第一部が『新潮』一九六二年一月号〜十二月号、第二部が『新潮』六三年九月号〜六四年三月号に連載、第三部を書き下ろしとし、単行本として六四年に新潮社より刊行。トーマス・マンの『ブッテンブローク家の人々』の影響を受けたといわれる。現在は新潮文庫（全三巻）で読むことができる。北杜夫のエッセーについては一八頁も参照。

言いなりの欺瞞

中村文則

『沖縄ノート』大江健三郎著

——僕は沖縄へなんのために行くのか、という僕自身の内部の声は、きみは沖縄へなんのために来るのか、という沖縄からの拒絶の声にかさなりあって、つねに僕をひき裂いている。

「あなたは誰かの言いなりだ」と言われたら、大抵の人間は「違う」と答える。誰かの言いなりになるのは格好悪いし、自分がそんな存在であるのも認めたくない。何かをやらされていても「これは自分の意志だ」などと言う人もいるかもしれない。日本はアメリカの言いなりだ、という意見は、事実の部分とそうでない部分がある。日本はアメリカからの要求に「全て」応《こた》えてるわけでない。なぜなら日本は「独立国」だからだ。しかし沖縄についてはどうか。少なくとも、アメリカの意志にずっと沿った政策がされている。

沖縄で知事選があり（二〇一四年十一月）、普天間基地を辺野古へ移すことに反対している知事が当選した。これは、どのような意見があっても、民主主義においての民意であることに違いない。その民意を、民主主義の国家の政府は頭ごなしに否定しようとしている。一時期は沖縄の知事に会おうともしなかった。どのような意見があるにせよ、これには本当に驚いた。

実際的な問題として、普天間基地が沖縄からなくなったとして、その瞬間、北朝鮮や中国が「日本から普天間基地がなくなった？　チャンスだ今だ攻めろ！」なんてことになるわけがない。そもそも沖縄には基地が膨大に溢れ過ぎている。要するに、アメリカの意志に沿わないことをやりたくないのである。

沖縄以外に住む日本人は、アメリカに逆らえないことをどこか認めることができず、沖縄の現状を「見て見ない振り」していないだろうか。「遠くの」沖縄の人たちにさまざまなことを押しつけ、自分たちは「独立国だ」と思っている側面がある。悩みたくないから、見て見ない振りをする。沖縄の人たちは我慢すべきだと思い込む。日本人として、果たしてそれでいいのだろうか。

大江健三郎さんの『沖縄ノート』には、戦中から戦後、ずっと沖縄の人たちが押しつけられてきたことが書かれている。僕も含めた沖縄以外に住む人たちがもつ「欺《ぎ》瞞《まん》」を突きつけられる。

もちろんこの本に反対の意を唱える人もいるだろう。当然それは自由。しかし沖縄の問題を自分たちの問題として身近に捉え、この国をあらためて考えるきっかけになるのは間違いない。

僕は日本はアメリカと緊密に仲良くすべきだと思っている。でも重要なのは、その仲良くの仕方ではないか。

一九六九年～七〇年『世界』に連載、七〇年九月に岩波新書として刊行。当時の背景として、六九年十一月に佐藤首相とニクソン大統領の共同声明発表、七一年六月に返還協定調印があり、七二年五月十五日に沖縄の施政権が返還された。

書くべきことは書く　中村文則

――「あなたは、私がつかむことのできなかった、もう一つの運命だったの」

『教団X』中村文則著

ある宗教団体が、国家を揺るがすテロを起こそうとする物語になる。オウム真理教も念頭にあったのだけど、世界の宗教の過激派と、「超宗教」と言っていいほど「国家」を崇《あが》めた戦前・戦中の日本が念頭にあった。

小説の中で、過激派に海外で誘拐される日本人を書いたが、本が発売されてすぐ、ＩＳに日本人が誘拐される悲痛な事件が起こってしまった。もしこの小説がテレビドラマだったら、放映延期になっていたかもしれない。「宗教」を騙《かた》り人の殺害を肯定するやり方は古くからあり、十字軍を例に挙げるまでもなく、宗教と戦争は相性がいい。ここが長い人類史の病理の真ん中だと僕は思っている。現代を生きる作家としては、そこを分析しなければならないと感じた。

戦前・戦中の日本のことも書いたのには、現在の日本が少しずつ右傾化・全体主義化していることへの僕なりの危惧があった。だから小説の中で戦争を描き、第二次大戦に向かった日本についての論争も大きく入れた。右傾化も、全体主義も、思想として持つのは別に自由だ。しかし、国全体をそれで覆うのは非常に危険だと感じている。

東京裁判で問題にされた敗戦までの十七年間、実は日本の政権は十七回も代わっている。いくらトップが代わってもあの戦争の流れを止めることはできなかったし、一度全体主義の空気が出来上がってしまえば、一部が暴走し（関東軍が起こした満州事変のように）、それに全体が巻き込まれてしまう。現在の政権が信用できるかどうかだけではない。日本はシステムが一度出来上がれば、もう誰がトップになっても止めることができなくなる。

現在の日本の流れは非常に危険だと思っている。作家として、書くべきことは書かなければならないという思いもあった。どんな戦争にも、裏には必ず利権があることは言うまでもない。

例えば十年後、さまざまな戦争に巻き込まれ、膨大な数の外国の人達を殺害し、膨大な数の自衛隊員も死傷し、中東諸国などからも強く敵視されるようになった無残な日本を見て、「こんなはずじゃなかった」と愕然とする事態が来ないように僕たちは考えていかなければならない。

『すばる』にて二年半にわたり連載（二〇一二年五月号〜一四年九月号）、一四年十二月に集英社より単行本として刊行。社会的格差、世界的な貧困とテロ、政治の右傾化など、現代の社会問題とともに個々の人間の深淵が重層的に描かれる。著者最長の長篇小説で、反響をよび多くの読者を獲得している。現在は集英社文庫でも読むことができる。

ふいに染みてくる本

二十五歳、飢えるように読んだ

『歩行者の夢想』秋山駿著

佐川光晴

――その本は、もう半歳余りもポケットに入れられたままで、こういう毎日の当てもない、行き場もない歩行とともに同行したために、すっかり折れ曲り、表紙などもちぎれかかっていた。(「歩いていた十九歳」)

秋山駿(一九三〇～二〇一三)の評論ばかり読んでいた時期がある。二十五歳で屠畜場の作業員として働き始めてすぐの頃で、あんなに飢《かつ》えるように本を読んだことは後にも先にもなかった。

「私は、生きることや自分に、絶対に困っていた。いつも何かしら絶体絶命というのか、もう一歩もないという気分のなかにいた」(『歩行者の夢想』から「わがイッポリート」)

ここには共感を示す傍線が引かれている。次の箇所にも鉛筆で太い傍線が引かれている。

「私には何もなかった。ただ自分が現にいまここにいるという、わずかに私にとって真の唯一の現実と見えるものを一本の糸筋にして、当てもなく歩くという行為があるだけであった」（同「小林秀雄の戦後」）

歩行を思考の基盤においた文芸評論家。ひたすら抽象的であるがゆえに、頭と胸に直《じか》に響く秋山駿の内省的モノローグを読むと、わたしは二十五、六歳の頃に引き戻されたような切迫した気分になる。

北海道大学恵迪《けいてき》寮での寮生たちとの組んずほぐれつの付き合いは卒業と同時に終わり、わたしは東京の御茶ノ水にある小出版社に就職した。しかし編集者として働きだしたのも束の間、一年後には社長と編集長を相手にケンカをやらかして会社を辞めてしまった。札幌に戻れば知り合いはいくらでもいるのに、わたしはあまり居心地のよくない浦和のアパートでひとり膝を抱えていた。

「しくじった」との忸怩《じくじ》たる思いにとらわれながらも、わたしは同時に「ついにくるべきものがきたな」という感覚にしびれてもいた。そして退社から二カ月後に大宮の屠畜場で働くことにして、以後十年半を牛の解体作業に従事して過ごすのだが、わたしは一日ナイフをふるって大汗をかいては、同じ懸命さで秋山駿を読んだ。

「この状態を強いて逃れようとしないで、ただ歩行する者として、このもっとも簡単な生の行為のなかに、その経験を、内的な生の動機のごときものとして持続しようとすること」（第三文明社刊『作家論』から「大岡昇平論」）

しかし、「歩行する」と「牛を屠《ほふ》る」は思っていた以上に性質の異なる行為であり、ナイフを自在に操れるようになるにつれて、わたしは秋山駿を読まなくなった。それは予期せぬ別離だったが、わたしが秋山駿に救われたことに変わりはない。今回、傍線で真っ黒になった氏の著作の数々を読み返しながら、わたしは切羽詰まっていた二十五歳の日に秋山駿の本に出会えた幸福に深く感謝した。

著者自選評論集。一九六三年～七七年に発表した評論十一篇を再編集し、九一年に學藝書林より刊行された。

再読であふれる滋味

窪美澄

『津軽』太宰治著

――津軽の現在生きている姿を、そのまま読者に伝える事が出来たならば、昭和の津軽風土記として、まずまあ、及第ではなかろうかと私は思っているのだが、ああ、それが、うまくゆくといいけれど。

どんなエンタメにも同じことが言えると思いますが、特に小説は、「ちょっとおもしろくなかったかも……」と思ってしまった本でも、ぜひもう一度、読み返してほしいのです。時間が経過して、自分がものすごくおもしろい、と思っていた本がそれほどでもなかったり、反対にすごくおもしろく感じたり、おもしろい！　と感じる部分が変わっていたり……。そのとき感じたことが時間の経過によって変化していく。そういうところも、小説というもののおもしろさだと思います。

太宰治はまさに私にとってそういう作家で、初めて読んだのは中学生くらいだったと思いますが、最近、再び読み返してみて、作品の滋味のようなものがよりいっそう強く感じられるようになった気がします。なかでもおすすめしたいのが、『津軽』です。ご存じの通り、津軽は太宰の故郷です。

太宰自身は、古い豪家に生まれたものの、そこから逃亡するように東京に来て、左翼運動に没頭し、自殺・心中未遂、薬物中毒と、いわば故郷の家や家族の顔に泥を塗るような生き方のなかで、数々の名作を生み出したわけですが、その蕩児《とうじ》が故郷に帰り、何を見、誰に会い、何を思ったのか。津軽の歴史や文化を交えながら、彼の生い立ちや思い出、旧友や自分の家に仕えていた人たちとの出会いが綴られていきます。紀行文の形をとってはいますが、これは小説（フィクション）です。

そして、クライマックスに訪れる養母でもあり育ての親でもあった、たけとの再会。たけは、太宰がその生き方のなかで追い求めた何もかもを受け止めてくれる理想の存在だったはず。そのたけとの再会を、太宰はどう描いたのか。

私は一昨年の夏、津軽鉄道のなかで、この文庫本を手にしていました。どこまでも裾野が広がる岩木山、そして、緑の葉を繁らせる林檎畑。太宰の生家、そして、たけが幼い太宰を連れて行ったという雲祥寺、たけが見せた地獄極楽の御絵掛地《おえかけじ》・十王曼《まん》荼羅《だら》を見、そして太宰も回した後生車《ごしょぐるま》にも触れてみました。私にとって一生忘れられない旅になったのですが、私がこの先、この旅をどんなふうに描いても、太宰は「小説家だもの……」とニヒルに笑いながら許してくれるようなそんな気がするのです。

第二次世界大戦さなかの一九四四年、小山書店より刊行。「新風土記叢書」というシリーズの一冊として企画された。現在は、新潮文庫、岩波文庫、角川文庫など各社の文庫で読むことができる。

いつ読むのかも運命

佐川光晴

『忘れられた日本人』 宮本常一著

――いま老人になっている人々が、その若い時代にどのような環境の中をどのように生きて来たかを描いて見ようと思うようになった。それは単なる回顧としてでなく、現在につながる問題として、老人たちのはたして来た役割を考えて見たくなったからである。
（あとがき）

某週刊誌の求めで妻と対談をしたことがある。聞き手であるライターの質問に応じて話すうちに、妻がわたしとの結婚を決めたのは、「本棚を見たら、読みたい本がいっぱいあったから」と言った。初耳だったが、悪い気はしなかった。実際、今年で三十一年目になった結婚生活で、わたしは本や雑誌やＣＤの購入に関して妻から一度も文句を言われたことがない。おそらく稀有《けう》な女性なのであり、この場を借りて感謝を述べたい。

妻と出会った当時、わたしは北海道大学の学生で、一年間の中南米遊学《ゆうがく》を終えて、恵迪寮《けいてきりょう》に戻ったばかりだった。本棚には、これまで紹介してきた作家の小説や、アイヌ民族・沖縄・山谷・フィリピン等を扱ったルポルタージュも多かったと思う。妻はアングラ劇団の女優をしていて、出会ってから一年後にわれわれは結婚した。新居となった浦和のアパートの本棚には、ベルトルト・ブレヒトや唐十郎、それに女性論関係の本も並べられた。

〈書は人を表す〉と言うけれど、本棚もまた如実に人を表すのだと思う。恵迪寮はその意味でも非常に教育的な環境で、わたしはよく先輩たちの本棚を眺めた。アナキストを自称するSさんの本棚は、ルイ＝フェルディナン・セリーヌ（一八九四〜一九六一）や埴谷雄高《はにやゆたか》（一九〇九〜九七）の本ばかりを並べているせいで真っ黒だった。工学部のMさんの本棚には、学術書以上に『別冊マーガレット』がこれでもかと詰まっていて、実にカラフルだった。中島みゆきや谷山浩子や小泉今日子の歌がくりかえし流れる空間で、われわれはおたがいの本を貸し借りしては、夜ごとに酒を酌み交わした。

『忘れられた日本人』は学生の頃から持っていたが、四十歳を過ぎて初めて読んだ。レヴィ＝ストロース（一九〇八〜二〇〇九）の『悲しき熱帯』とともに、読むのは今ではない、自分自身と世界をもっと直《じか》にこすれ合わせてからにしたほうがいいとの予感が働いたのだ。そうでないと、とびきり優れた観察者である二人の尻馬に乗って、世界を解釈することになってしまう。

宮本常一（一九〇七～八一）は、日本全国をくまなく歩きまわった民俗学者であり、『忘れられた日本人』には、列島で暮らす人々の「生きた生活」の姿が見事に描かれている。一度は読むべき本としてすすめるのだけれど、人との出会いと同じく、いつその本を読むのかもまた、その人の運命である。そのことを強調したくて、わたしは自分がその本をいつどのように読んだかをしつこく書いた。本のおかげで結ばれる男女の縁もあるようなので、みなさんも読んだ本を臆《おく》せず並べましょう。

「民話の会」機関誌『民話』に連載された文章をもとに、一九六〇年単行本として未來社より刊行。時に語り手の古老たちの口調をいかしながら、各地で黙々と生きる日本人の姿を活写。現在入手しやすい岩波文庫版は、網野善彦の解説。佐川夫妻の対談は『週刊朝日』二〇一五年四月十日号に掲載の「平成夫婦善哉」。

遠くのことで悩みたい

『ポプラディア大図鑑WONDA 宇宙』

山崎ナオコーラ

――宇宙の研究は今もどんどん進んでいます。文字通り日進月歩です……天文学者たちはもっと新しいことを知りたいと、日々研究をつづけています。（監修のことば）

幼稚園児だった頃から小学校中学年くらいまで、ひまな時間に宇宙の図鑑を飽きず眺めていた。地球や木星や土星などをクレヨンで描くのが好きで、父親に手伝ってもらいながら何枚も同じような絵を描き、壁に貼っていた。しかし、数年前にがんで亡くなった父親の病床で、

「小さい頃、一緒に宇宙の絵を描いたよね？」

と言ったら、

「覚えていないな」

と返された。仕方ない。親というのは、こちらが覚えていてほしいことを忘れてし

まい、忘れてほしいことをいつまでも記憶しているものだ。でも、確かに、私は宇宙が好きだったのだ。幼い私の頭は宇宙に関する考え事が大部分を占めていた。

私が持っていた図鑑はすでに絶版になっているようなので、夫が働いている書店へ出かけ、店長さんにおすすめしていただいた『ポプラディア大図鑑 WONDA 宇宙』を買ってきた。

ばら星雲やリング星雲の写真、太陽の黒点やプロミネンスのイラスト、太陽系の天体の図。似たようなものが私が持っていた図鑑にも載っていた気がする。

こういったものを眺めるのがどうして楽しかったのか。思うに、子どもの頃は世界が不確かなものに感じられていた。明日だけ太陽が昇らなかったり、ブラックホールに自分が突然吸い込まれたり、何光年も離れたところに住む宇宙人から急に連絡が入ったりすることが、本当に起こり得ると思っていた。怖くてたまらないので、身近な問題に悩むよりも、宇宙について考える方が重要だった。十代の頃は、『ホーキング、宇宙を語る』（早川書房）や相対性理論がわかりやすく書かれた本を読んでいた。

しかし二十歳を過ぎた頃から世界に慣れて、人間関係や金銭問題や旅行計画などの俗なことを落ち着いて考えられるようになった。「宇宙の果てはどうなっているのだろう？」なんて、久しく疑問に思っていない。

いつか宇宙の謎を解きたい、宇宙の意味を知りたい、とたくらんでいた子どもの私はきっと、今の私を見たらがっかりするだろう。でも、私はもう、死ぬまで宇宙へ行くことはないし、謎は謎のままになると諦めてしまっている。おばあさんになったら、今よりも世界に馴染《なじ》んで、不思議に思う心がさらになくなっていくのだろうか。あるいは、逆に宇宙への興味が復活するのだろうか。できたら復活してほしい。身近なことよりも、遠くのことに悩みを持ちたい。

子ども向け総合百科事典『ポプラディア』全十二巻は二〇〇二年ポプラ社より刊行。「宇宙」は別冊の学習図鑑で青木和光監修、一三年十一月刊。

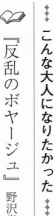

こんな大人になりたかった

『反乱のボヤージュ』野沢尚著

――「弦巻寮に居座ることはもとより、仮宿制度などと称して一般学生が弦巻寮を使用することも違法である！」……いつも思うんだけど、大学側がやっている「廃寮キャンペーン」ってやつはいたって幼児的だ。

朝井リョウ

小学六年生、十月でした。町のどこかでは、秋のお祭りのようなものが催されていたと記憶しています。それでも私は、二十一時の五分前には、風呂を済ませた状態でテレビ画面の前に鎮座していました。これから始まるドラマが楽しみで仕方がなかったのです。

物語の舞台は、廃止の危機にある大学の学生寮。そこで暮らす学生たちは、寮の撤去を試みる大学側と対立を繰り返しています。あるとき、業を煮やした大学側から一人の舎監が送り込まれるのですが、その舎監が一風変わった人物で――著者の野沢尚さんが東京大学駒場寮の存続運動に着想を得て書いたとされるこの作品『反乱のボヤージュ』は、二〇〇一年、二夜連続のドラマとして放送されました。放送当時私は十二歳でしたが、そのドラマを食い入るように観《み》たことを今でもはっきりと覚えています。すぐに原作小説を手に取りましたが、当時の私にはドラマであれ小説であれ、その内容はほとんど理解できなかったはずです。それなのに、あれほど夢中になったのはなぜなのか。

今この小説を読み返してみると、その理由がわかるような気がします。この作品はきっと、私の理想だったのです。いつか大人になった自分は、主人公の薫平のように、個性豊かな仲間たちと手を繋ぎ肩を組み、何か大きな力に立ち向かっているのだと夢見ていたのです。ドラマチックな出来事を経て、生きていくことの痛みや愛を知っていくのだと、未だ見ぬ将来の自分を勝手に愛していたのです。

私は、この小説が大好きです。ですが、読むといつも、きらきらと目を輝かせている朝井少年が、今の私を見ているような気がするのです。あんなにも大人だと思っていた主人公の年齢を、あっという間に追い越した私を。個性溢れる仲間と手を繋ぎ肩を組むことも何か大きな力に立ち向かうこともなく、だけど生きていくことの痛みや愛を知ったふうに書き連ねている私を。

物語の最後、わけあって騒乱の最中にいる主人公は、自分の周囲を見渡します。誰もが殴り合い、怒号が飛び交う中で、自分の周囲に拡がる、自分だけがいない世界をゆっくりと見渡します。

「惑わされてはならないものが、三六〇度の視界にたくさんあった。動乱の世界にいても、信じていいことと信じてはいけないことを、今の自分なら判別できるような気がした」

私はこのシーンを、今でも日常のあらゆる場面で模倣しています。そうしていれば、子どものころに愛した未来の自分のようになれるのではないか——心のどこかで、まだそう思っているのかもしれません。

『小説すばる』にて二〇〇〇年四月号〜〇一年一月号に連載、単行本は〇一年四月に、文庫は〇四年八月に集英社より刊行。脚本家である著者自らのシナリオで制作されたテレビドラマは、〇一年十月に二夜連続で放送された。

なぜ本は生まれるか

「紙」ならではの遊び心　山崎ナオコーラ

『ボーイミーツガールの極端なもの』山崎ナオコーラ著

――振られたって恋だ。想いを伝えられない片思いだって恋だろう。同性に恋をする人もいる。ひとりではなく何人もの人に恋をする人だっている。言葉も体も交わさない恋もある。絶対的な恋なんてない。ひとりひとりの、個人的な恋しかないのだ。

私は書店文化の中で育った。子どもの頃にまだ電子書籍がなかったので紙の本の方が馴染みがあるが、そのうち電子書籍の端末を購入したいと考えているし、今も自分の書いた小説を紙の本と電子書籍の両方で出版しているので、決して電子書籍に対して悪感情は抱いていない。それに、いくら電子書籍を遠ざけようとしても、きっと十年、二十年と時間を過ごすうちに、どうしたって生活に入り込んでくるだろうと思っている。

紙の本を応援したい気持ちは強い。私の夫は「町の本屋さん」で働く書店員だ。書店の仕事は面白そうだし、せっかく栄えた書店文化なので後世に伝えて欲しい。それに、そもそも私は、子どもだったときに書店の棚に並ぶ本を見て、「この中に私の書いた小説も置きたい」という夢を持ち、作家になったのだ。紙の本がなくなったら、嫌だ。

とはいえ、電子書籍は紙の本の敵ではない。電子書籍の普及を紙の本の危機と捉える人もいるが、いいや、チャンスだ。千年後、二千年後のことまでは私などには想像できない。でも、しばらくは紙の本と電子書籍は共存するだろうし、読む方法がいろいろ選べる状況下では「テキストを面白がる」という行為をする人はむしろ増えるだろうから、紙の本も今よりもっと素晴らしいものになっていくに違いない、と思う。

ともかくも私は、作家稼業で紙の本を出す無上の喜びを味わってきたので、これからもしつこく作っていく。

拙著『ボーイミーツガールの極端なもの』は、恋愛とサボテンにまつわる連作短篇小説集だ。叢《くさむら》（Qusamura）さんという多肉植物屋さんとタッグを組んで、サボテンの写真を一話ごとに挟んだ。写真は独特の風合いを持つソーダ色の紙に印刷されている。

ブックデザインは名久井直子さんによる。デザイナーさんは表紙はもちろん、本文紙（本文が印刷されている部分の紙。よく見ると、薄いピンクだったり、薄い黄色だったり、なめらかだったり、ざらざらだったり、本によって違う）も決める。この本の小口（切り口）を見ると、本文紙のクリーム色と写真用の紙のソーダ色がしましまになっていて、まるでソーメンの束のような色合いだ。何度も、ぱらぱらとやりたくなる。

二〇一五年四月イースト・プレスより刊行。小説本文のあいまに様々なサボテンのカラー写真とその説明が挿入される。植物の多様性と恋愛の多様性をかけ合わせて生まれた作品。

その先を読む　円城塔

『陰翳礼讃』谷崎潤一郎著

——唐紙や和紙の肌理を見ると、そこに一種の温かみを感じ、心が落ち着くようになる。同じ白いのでも、西洋紙の白さと奉書や白唐紙の白さとは違う。西洋紙の肌は光線を撥ね返すような趣があるが、奉書や唐紙の肌は、柔かい初雪の面のように、ふっくらと光線を中へ吸い取る。

小説を読む環境は変わり続けています。和本が洋本となったり、電灯が普及したりしたことも大きいですが、電子化もまた非常に大きな変化ですね。やっぱり紙の本でなければ、という人も多いでしょうが、それを言い出すと、文庫本では風情が出ないとか、和本でなければ情緒がないというようなことになるかもしれません。紙が登場したときはどうだったんでしょうね。竹簡じゃなければ読んだ気がしない、という人たちがいたのでしょうか。

こうして時代がすすんでいくと、やはり本は電子じゃないと、という人たちが主流になる可能性だってあります。というか、これまでのテクノロジーの流れを考えるとそうなりそうです。

どんな媒体で読むかによって、同じはずの文章でも印象は変わってきます。そういう意味では現在の小説やエッセーは、紙で読むために特化された文章と言えるかもしれません。

谷崎潤一郎はこの本『陰翳礼讃《いんえいらいさん》』で、日本の生活から失われていく陰翳を礼讃し、美のひとつのあり方を提示しているわけですが、かといって科学技術の進歩を否定するわけではなくて、しかたのない流れであると考えています。なんといっても便利なのだからしかたがない、と。このあたり非常に経済学的な考え方です。

ただ、日本人が自分たちの美意識に合致する独自の物理学や化学をどこかで生み出すことができていたならと夢見たりします。西洋の製品を模倣するだけではなくて、自分たちの住居になじむ電化製品や調度をつくることができていれば、ということです。

谷崎の言うようにこれは止めようのない流れなのかもしれないのですが、しかし程度というものはありそうです。

今、自分の部屋を見回してみると、ぶかっこうなメニューをそなえた電子レンジや、やたらと薄っぺらくて変な形のテレビが見えます。僕は日本の家庭電化製品のデザインはここ二十年くらいでひどく悪化したと考えていて、やたらと青色に光って目に痛い表示などのことも憎んでいます。無闇に明るいライトなんかも。

日本人は日本的なデザイン以前に、デザインという感覚自体を失ってきているのではないかという気がします。

そろそろ利便性とデザインの両立を考え直してもよい頃ではないかなあと思うわけです。何も昔に戻ってランプや燭台《しょくだい》を用い、障子を使えというのではなくて、ＬＥＤは手軽に光量を調整できるのだから、灯りを落としてみるのはどうかというくらいの話です。そうした明るさ向けに部屋を設計することだってできるはずです。漆塗りや、日本画などもそういう光の下で見直してみるのはどうでしょう。

谷崎がもし、暗闇にほのかに浮かぶディスプレイに表示される『陰翳礼讃』を見たら何をどう考えたか。意外に気に入ったんじゃないかという気がします。

『経済往来』一九三三年十二月号～三四年一月号に発表され、単行本としては最初『摂陽随筆』（三五年、中央公論社刊）に収録された。かげや隈の内に日本的な美の本質を見る随筆は、デザインの領域でいまも参照される。現在は中公文庫、角川ソフィア文庫などで読むことができる。

モノ、人、感情を繋げる　朝井リョウ

『ひとりずもう』さくらももこ著

――これまでの人生で、いろいろうれしい事はあったが、これよりもうれしい瞬間というのは体験した事が無かった。今後、またこんなうれしさがあるといいなとは思うが、たぶん人生で二度は無い気がする。

実家には、至る所に文庫本がありました。トイレ、脱衣所、父の書斎、階段をのぼったところにある棚。中でも、さくらももこさんのエッセーはほぼ揃っていたような気がします。なんか読みたいなあ、と家の中をウロウロしていると、どこにいても必ず彼女のエッセー本、つまり彼女の人生の一部に出会いました。

私は、一人の少女が〝さくらももこ〟になるまでの日々を記したこの自伝エッセー『ひとりずもう』を、まさに本の中の著者と同じ青春真っただ中のころに読みました。そのため、学校生活における悲喜こもごもに揺れ動く著者の姿にはもちろん共感しき

りでしたが、ここで紹介したいのは、著者の投稿時代の話です。

著者は高校生のころ、漫画雑誌への投稿を始めます。はじめはストーリー漫画を描いていましたが、なかなか結果に結びつきません。そこで、あるときからエッセー漫画を描き始めます。このあたりから漂う、人生を賭けて本気になれることを見つけたかもしれない、という著者の期待と興奮は読者の心の真ん中を刺激します。

そしてある日、ついに雑誌上のコンクールでの入選を果たします。初めて誌面に名前が掲載されたとき、著者は書店のそばにあった木にもたれて腰を抜かしてしまいます。自分の名前を見つけた瞬間、その場にへたり込むのです。

私はこの場面を何度も何度も読み返しました。なぜなら、当時の私もただひたすらに小説の投稿を続けていたからです。腰を抜かすほど驚くってどんな感じなんだろう、自分もいつかそんな風になれるのかなあと、読むたび幸せな妄想に浸っていました。

私が初めて小説の新人賞で一次選考を通過したのは、高校三年生の秋でした。自分の名前と、投稿した作品名が掲載されている頁を見つけたとき、これか！　と、私は一人、全身を力ませました。

腰を抜かすというよりも、雷に打たれて全身の血液が沸騰したような感覚の中、今自分がいる場所と、東京という見知らぬ町にあるはずの大きな出版社が、直径一ミリにも満たない光の筋のようなもので繋がったような気がしました。ほんの少しの力を加えればすぐに切れてしまいそうな光の筋は、さらに、夢を叶えるために奮闘していたころの著者にも伸びていったような気がしました。大好きな本と、その本を書いた人と、その本を生んだ場所と、今自分がいる田舎町の小さな書店が、誰にも見えない光の筋で繋がり、名もない星座のようにその場に浮かび上がった様子を、私は見たのです。

本は、繋げます。繋がるなんて毛頭思っていなかったモノ、人、感情を自由自在に繋げます。今では歯科医院になってしまったあの小さな書店があった場所を通るたび、私はこの本のことを思い出します。あの日にだけ見えた星座のことを、思い出します。

二〇〇五年に小学館より書き下ろしで刊行。現在は小学館文庫でも読むことができる。著者は漫画『ちびまる子ちゃん』などの作者として知られるが、エッセイストとしても活躍した。

許せない、でもおもしろい

窪美澄

『火宅の人』 檀一雄著

——「はい、知っております。私の家庭が社会人として甚だ不適格の環境であり、子供を社会人として成長させる上にきわめて悪い影響を与えているだろうということは、自分なりによく知っているつもりです」

いやぁ、勝手だなぁ、勝手すぎる。こんな男の人はほんとうにいやだ。そう思ってしまうのに、どうしてもページをめくる手を止めることができない作品というのがいくつもあります。太宰治や白石一文氏の小説にも同じようなことを感じるのですが、おもしろい、傑作だ、と感じてしまう自分の心が憎い……。頭では拒絶しているのに、なぜ小説だと許せてしまうのでしょう。おもしろく、傑作であれば、どんなにモラルや自分の価値観に反していようともおもしろいものはおもしろい。小説の力、というものに屈服してしまう、そういう作品というのは、確かにあるのです。

もう幾度、読み返したかわからない檀一雄（一九一二〜七六）の『火宅の人』も私のなかで、そういう本のエリアに入る一冊です。二十年の月日をかけて描かれた私小説、となってはいるけれど、やはりそこは小説家、リアルとフィクションが超絶技巧で織り交ぜられているはずです。大筋を言ってしまえば、桂、という妻子のある（四人の子どものうち、一人は日本脳炎による麻痺がある）作家が、新劇女優との恋にのめりこみながらも、旅をし、酒をあおり、時には料理に腕をふるい、小説を書き続ける。その道程を描いた作品です。

作家の持つ体力や体質、というものは、その人の作品にも大きな影響を与えるものだと思いますが、この作品における桂はあまりにも堅強で、常にその動きを止めることがありません。体力によることの大きい放埒《ほうらつ》さがこの物語をじめっとさせていない理由でもあると思います。恋人の些細な言動に嫉妬し、その感情をあらわにする男、子どもたちからも慕われている父としての男、無頼派として名を馳せた流行作家としての顔、そして、ときおり見せる夫としての顔。たくさんの人に囲まれ、どこまでも自分に真っ正直に生きているはずなのに、自分の表も裏もどうだ！　と見せて（書いて）いるはずなのに、どうしてこの人は、こんなにも寂しいのだろう。そんな思いは物語の終わり間近「なーんだ！　オレ、ヒトリボッチ！」というつぶやきにもあらわれています。

そんな作家と生を共にした妻の気持ちを知りたい方は、沢木耕太郎氏のノンフィクション『檀』（新潮文庫）も併せて読んでみてください。

『新潮』一九五五年十一月号から断続的に二十年にわたって連載。単行本は七五年十一月に新潮社より刊行され、読売文学賞、日本文学大賞を受賞。現在は新潮文庫（上下巻）で読むことができる。

作家の分身はどっち　山崎ナオコーラ

『吉野葛』谷崎潤一郎著

――そんな点から考えると、自分の母を恋うる気持は唯漠然たる「未知の女性」に対する憧憬、――つまり少年期の恋愛の萌芽と関係がありはしないか。なぜなら自分の場合には、過去に母であった人も、将来妻となるべき人も、等しく「未知の女性」であって、それが眼に見えぬ因縁の糸で自分に繋がっていることは、どちらも同じなのである。

フィクションとノンフィクションの境目は曖昧だ。

谷崎潤一郎の「吉野葛」は、エッセーのような体裁で語られる短篇小説だ。谷崎自身と思われる「語り手」が南朝にまつわる小説を書くことを思いつき、取材を兼ねて友人の「津村」と共に吉野へ出かける。「津村」は母の面影を追い求める。若き日の谷崎が何度も取り組んだ「母という異性への思慕」というテーマが熱く描かれる物語でもある。

最近、私は、「吉野葛」へのオマージュの短篇小説を書いた。「こういう小説を書こうと思って、友人と取材旅行に出かけて……」と書き出した。「こういう小説を書こうと思って」は、ほとんど事実を書いたのだが、「友人と取材旅行」は完全なるフィクションだ。取材旅行に出かけていないのはもちろん、そういう友人などいない。しいて言えば、「友人の描写も私自身」、というのが自分にとってはしっくりくる。

私は、二十五歳のときに、『人のセックスを笑うな』という、十九歳の男の子が三十九歳の女性を好きになる恋愛小説を書いてデビューした。その小説に私っぽい登場人物が出てこなかったので、インタビューなどで、「どうしてですか?」と何度も聞かれた。批評でもそのことが書かれていた。

そう言われてみると、作者自身っぽい人物が出てくる小説は多いし、そういう小説の方が世の中で評価されているようだ、とそのときは思った。そこで何度か、自分っぽい登場人物を出す小説を試みた。すると、一割の実際のことを混ぜると九割が架空のことでも多くの人が「作家自身の話」と読んでくれることがわかった。特に、性別と年齢を同じにすれば、ほぼ作者と思われる。

また、小説を書いていると、「モデルがいるんじゃないですか?」ということもよく聞かれる。しかし、モデルなどいなくても、自分自身の中にいくつかの気づきがあれば、小説は書ける。

「吉野葛」に出てくる「津村」という友人も完全なる創作だろうな、と私は思う。そう、むしろ、語り手ではなく、「津村」の方が谷崎の分身だろう。

作風が全く似ていないと言われるが、私は谷崎潤一郎みたいな作家になりたいと思っている。永遠の憧れだ。中央公論新社から『谷崎潤一郎全集』が刊行されると知り、清水の舞台から飛び降りるつもりで、初めて全集というものを購入した。当時の作家としては長生きだった谷崎にはたくさんの作品がある。そんなところも真似したい。

『中央公論』一九三一年一月号～二月号に掲載。単行本では『盲目物語』（三二年、中央公論社）にはじめて収められた。文庫では『春琴抄・吉野葛』（中公文庫）、『吉野葛・蘆刈』（岩波文庫）、『吉野葛・盲目物語』（新潮文庫）などで読むことができる。

甘い表皮に隠した毒

朝井リョウ

『武道館』 朝井リョウ著

――「私たちに、こうすべきだ、こうすべきだって言ってくる人の頭の中にばっかりいたら、ダメだよ」

私は、〝物語〟とは二種類に分けられるものだと考えています。ひとつは、ストーリー展開が肝となっているもの。起承転結があり、共感でき、あれよあれよと気持ち良くページが進み、読後「面白かった!」と誰かに薦めたくなるようなもの。もうひとつは、メッセージ性が肝となっているもの。いちいち立ち止まるような文章があるためなかなか読み進めることができず、読後は、共感や感動というよりも未知のものに出会った戸惑いが心の中に残るもの。人に薦めるよりまず、自分の中できちんと考えようと思うもの。

前者の皮をかぶった後者のような物語を書こうと、『武道館』の構想を練りながら考えていました。物語の入り口となる主人公は、アイドル。アイドルのサクセスストーリーだと思って手に取った読者が、読んでいくうちに、想像していなかったところに連れていかれるような作品を書こうと。

物語は、読者に対して、目的地を隠すことができます。そういう役割を果たせる文章は、物語だけなのではないか、と思っています。

なぜ今、本なのか。よく聞かれます。出版不況と言われて久しいし、アイディアが形になるまで時間がとてもかかります。なのになぜ、小説なのか、物語なのか。

それはやはり、目的地を隠せるからです。甘いコーティングの中に、盛りたい毒を隠せるからです。入り口にいるときには想像していなかった出口に、誰かを連れていくことができるからです。私がいくら、インタビューの中で現代の消費者の精神の変化を語ったところで、そんな入り口で読んでくださる方は少数でしょう。ですが、アイドルの物語を書きました、というコーティングでこの本を差し出せば、ふうん、と、飲み下してくれる人がいます。飲み下したあと、体内でコーティングが溶けて、私が隠していた何かがその人の内部に沈殿してくれればいいと思い書いた作品が、『武道館』です。

人によっては読みたくないことが書かれているかもしれません。言われたくないことが指摘されているかもしれません。ですが、だからこそ物語として書かなければならないのだと思います。皆が耳を塞《ふさ》ぎたいことこそ、本として形に残さなければならないのだと思います。『武道館』は、そんなことを私に気づかせてくれた作品です。

『別冊文藝春秋』二〇一四年九月号〜一五年三月号に連載、単行本は一五年四月に文藝春秋より刊行。武道館でのライブを目指しアイドルグループで活動する主人公の視点を通して、無料文化が現代人にもたらした影響や人生の選択について描いた作品。現在は文春文庫でも読むことができる。

料理を写真にする理由

山崎ナオコーラ

『長野陽一の美味しいポートレイト』長野陽一著

――一枚の肖像画が、後世にその存在を伝えるという役割を備えながら、美術鑑賞品としての機能を持つように、料理写真は一枚のポートレイト写真になり得るのだろうか。

『長野陽一の美味しいポートレイト』は、料理の写真集だ。シンプルな装丁だ。素朴な紙に美味しそうな料理の写真が印刷されたページがひたすら続く。

「背表紙がないのが、いさぎよくてかっこいい」と書店員の夫は言っていた。確かにこの本は、雑誌のように背が折り目だけになっているので、棚に差したときにタイトルが読めない。

自分が本を作るときには、書店で「棚差し」になったときのことをすごく考えてしまっている（本を高く積んだ「平積み」や、棚に立てて表紙を見せて並べる「面陳」だと表紙や帯のパワーで読者に出会えるが、私の小説のように少部数の本や、あるいは最初は平台に置かれたとしても一定の期間が経った本は、大概「棚差し」になるので、くっきりとした活字でタイトルを背に印刷したい、というのをどうしても思ってしまう)。

この本のように、背が折り目の装丁は、無理して読者に押しつけるようなことはしたくない、自然に手に取ってもらいたい、出会えないなら出会えないでかまわないいんだ、というさっぱりした心意気が表れているようで、かっこいい。

テレビや映画でデザイナーさんや写真家さんが、

「この写真はシアンをもっと強く、マゼンタを抑えて。次の写真は……」

というような印刷に関する指示を出しているのを見たことがないだろうか？　私にはさっぱりわからないのだが、専門家には色合いの細かい印象が目につくのだろう。おそらくこの本も、ひとつひとつの写真を丁寧に扱って、印刷の仕方を決めたのに違いない。

「料理は本来食べるものであり、写真化されるには相応の理由がある」と、長野陽一さんは書いている。この文を読んだとき、私は恋愛小説のことを思った。私はよく恋愛小説を書いているのだが、そうすると、「恋愛アドヴァイスをお願いします」「恋の話を喋《しゃべ》ってください」と頼まれることがある。しかし、私は恋について語れない。

恋の良さを知る一番の方法は、実際に恋をすることだ。つまり、「ぜひ恋愛してくださいね」という文が、恋を伝える良い文だということになる。そうではなくて恋愛小説を書いているのは、「恋」について考えたいのではなく、「恋を文章にすること」について考えたいからなのだ。料理を作ったり食べたりするのではなく、写真にする、というところが、恋愛小説の執筆に似ているような気がした。

二〇一四年八月にＨｅＨｅ（ヒヒ）より刊行。十年以上にわたり『ku:nel』などの雑誌で撮影してきた「料理写真」を収録した写真集。写真のキャプションに撮影時のことなどが記される。著者（撮影者）は、福岡県出身の写真家。作品に沖縄、奄美諸島に住む十代のポートレイト写真などのほか、雑誌、広告、ＣＭ、映画などで活動。

読み続ける

円城塔

『雪国』川端康成著

——島村は駒子の聞きちがいに思いあたると、はっと胸を突かれたけれど、目を閉じて黙っていた。「悲しいわ。」駒子はひとりごとのように呟いて、胴を円く縮める形に突っ伏した。

小説家がいつの時点から、ある小説を書きはじめることになるのかというのはなかなか難しい問題です。川端康成（一八九九～一九七二）はこの『雪国』をまずはさまざまな雑誌に短篇として発表し、それを長篇にまとめ直すということをしました。最初の短篇を書いたときが書きはじめという気もしますし、長篇に再構成しはじめたときという感じもします。生まれたときから積み重ねてきた経験によって書かれているという意味では、生まれたときから書いている、ということだってできそうです。

川端は単行本の刊行後も十数年間にわたって原稿に手を入れ続けたということですから、どこからを完成とするのか、果たして完成したのかさえもあまりはっきりしないところがあります。

ともかくも、それだけの時間がかかった作品なので、気軽に寝転び数時間で読んだところで、よくわからないところがあったとしても何の不思議もありません。

読書には制限時間はないわけですし、一回読んだからといって、その本を読んだことになるかははなはだ怪しい。時間をおいて読み返したら全然違う話に思えた、なんてことはよくありますね。何年かおきに読んでみて、そのたびごとに新鮮な小説、っていうのは何かお徳な感じもします。

さてこの『雪国』ですが、自分には正直なんだかよくわかりません。何度読んでもいまひとつ意味がはっきりしないところが多いので、今回はサイデンステッカーによる英訳版を横に置きながら読んでみました。

『雪国』の後半、主人公が駒子という女性に向けて、「君はいい女だね」と呼びかける場面があります。そう言われた駒子は怒りだし、主人公は、「駒子の聞きちがいに思いあたる」のですが、駒子が何をどう「聞きちが」えたのかは、はっきりと書かれていません。

ここの部分が英語版でどうなっているかというと、「聞きちがい」のところは、「ミステイク」、間違い、になっていました。前後を確認してみると、サイデンステッカーはここのところを、主人公がそれまで「いい子（グッド・ガール）」と呼んでいた彼女のことを、つい、「いい女（グッド・ウーマン）」と間違えて呼んでしまったこと、としているようにも読めます。

なるほど、面白い解釈です。それは聞きちがいとはいわないのではないかという気もしますが、日本語の原文でもここのところは謎めいています。

あまり知られていないような気がするのですが、川端はどちらかというと実験よりの書き手です。この『雪国』の、各人の背景情報を一切示さないまま出来事だけを描くやり方だって、いわゆるふつうの小説のいきかたではありません。文章の美しさにすっかり隠されてしまっているだけです。その意味で、泉鏡花のように文体意識に駆り立てられた小説と見なす方がとりつきやすいかもしれません。短歌的、俳句的といわれるのもそのあたりなのかも。

文学とはなかなか息の長いもので、今回紹介してきた作家たちの中で一番最近まで生きていた川端の評価はまだまだこれからです。

源氏物語が「もののあわれ」の話だとか、万葉集が「ますらおぶり」だとされるようになったのはやっと江戸時代になってからの話だったりして、本とは読み方によって様々姿を変えるものです。何かひっかかるところがあったら、それを気にとめておき、何かの折に考えてみる。そうすることで、読書はまた楽しいものになっていきます。

一九三五～三七年に文芸各誌に分載、一度刊行するがさらに書き継ぎ、四八年創元社より刊行。各国語に広く訳され、海外でも評価が高い。現在は、岩波文庫、新潮文庫、角川文庫など各社の文庫で読むことができる。サイデンステッカーによる英訳版「Snow Country」は、各社のペーパーバック版がある。

あとがきにかえて　本にまつわるQ＆A

①本はどんなところで読みますか？（場所・時間・状況など）

朝井：一日の終わり、湯船に浸かりながら本を読むことが多いです。

円城：布団の中で、喫茶店で、電車の中で。歩きながら読むのは危ないのでやめました。

窪：自宅兼仕事場なので、主に家のなか、仕事や家事の合間に読んでいます。電車やバスでの移動中にも読みます。空いている時間をかすめとるようにして読んでいる、といった感じでしょうか。いちばん長い時間読書するのは入浴中です。

佐川：布団に寝ころがって読みます。あおむけだったり、うつぶせだったり、片方のヒジをついたりと姿勢はいろいろですが、いずれも布団のうえです。作家になる以前にしていた屠畜解体の仕事は重労働だったので、疲れきった身体で机にむかうのは無理でした。その時の悪癖が今も続いています。

中村：どんな場所でも。
山崎：机の前や、ベッドの中、電車での移動中に読みます。

②子どもの頃の自分にすすめたい本は？

朝井：この本の中でも紹介していますが、『一瞬の風になれ』。高校生になる前に読みたかった！
円城：本を読む体力をつけることをまずすすめます。旅行するとか。
窪：この一冊、というのはありませんが、あなた、将来、小説を書くようになるから、とにかくたくさん本を読んでおいて！　と言いたいです。（インプットの量がぜんぜん足りないよ！　と横っ面をはたきながら）
佐川：特にありません。子どもの頃は外であそぶのに夢中だったので、良い本を与えられても落ちついて読むことができなかったと思います。
中村：子供でしたら、漫画を勧めると思います。『ワンピース』とか。
山崎：もう過去のことなので、どうすすめたら良いのか……。「子ども」

ということだけ考えますと、将来に役立たない、そのときにだけ必要な本を読んで欲しいです。眠れるだとか、いい子になれるだとか、知識が増えるだとかといったメリットを求めて本を道具として使うのではなく、ただ本を楽しんでもらえたらな、と思います。

③では、老齢になった自分に再読をすすめる本は？

朝井：数年前までは自著を突きつけて慢心を咎めたい等と思っていましたが、今となっては老齢の自分をあまり刺激したくないと思うようになってしまいました。老齢の自分に再読させたくなるような本にこれから出会いたいです。

円城：歳をとれば、体力にあった本を読むしかないですね。

窪：『カラマーゾフの兄弟』。田辺聖子さん、瀬戸内寂聴さん、山崎豊子さん、有吉佐和子さん、など。

佐川：詩集です。わたしは詩が苦手なので、少しずつ馴染んで、年老いた頃に詩を読めるようになれたら仕合わせだろうと思っています。

中村：あまり何か勧めず、会ってもそっとしておくと思います。お茶を勧める。飲まなそうだけど。

山崎：死ぬ直前だったら、佐野洋子さんの『死ぬ気まんまん』。

④実際に本を人にプレゼントしたことはありますか？

朝井：ありません。

円城：ないです。

窪：本をプレゼントする機会はほとんどないのですが、あります。好きになった人に自分の好きな本をプレゼントするというといわゆる黒歴史です。「ここを読んでください」という意味で付箋までつけて。迷惑だったろうなー……と遠い目になります。

佐川：自著以外の本をプレゼントしたことはありません。ただし、一度だけ本をプレゼントされたことがあります。誰から、何の本をもらったのかは内緒です。
中村：何度もあります。ドストエフスキーの『地下室の手記』をある女性に差し上げたら、とても評判が悪かった。
山崎：絵本をプレゼントすることはあります。

⑤書店で自分の本を立ち読みしている人を見かけたら、どうするでしょう？

朝井：棚に戻すのか、レジに持っていくのか――立ち読み後の行動を知りたくないので、すぐに立ち去ると思います。
円城：特には。
窪：後ろから、「買ってください！」と念を飛ばして、こそこそとその場から立ち去ります。台湾に行ったときに、偶然、自分の本の台湾版を手にとっている方に出くわして、いっしょにいた台湾の作家の方に通訳していただき、ラッキーなことにその方が買ってくださったので、サインをしました。台湾初日の出来事だったので、とてもうれしかったです。

佐川：照れくさくなって、お店から逃げ出すと思います。先日、都内の書店で、私の文庫本を手に取ってレジに向かう女性をたまたま見かけたのですが、あわててその場を離れました。

中村：物陰から、じっと見守ります。暗い物陰から。

山崎：嬉しいなあ、と思いながら、そっと離れます。本は私のものではないので。そもそも小説はテキストのみで存在していますから、自分が書いたからといって、頭の中を見せるのはあんまり良くないでしょう。

⑥忘れられない〝夜ふかしの読書〟体験を教えてください

朝井：高校生のころまではよく就寝前にベッドで本を読んでいたので「夜ふかしの読書」の経験があるはずなのですが、具体的に覚えているエピソードがなく、申し訳ないです。小学生のころ「ハリー・ポッター」シリーズを就寝前に読んでいたときは、眠気により腕に力が入らなくなり、よく顔面に本を落下させていました。

円城：ミステリーが苦手なんですよ。最後まで読み切ってしまわないと眠れないから。

窪：『狂うひと「死の棘」の妻・島尾ミホ』梯久美子（新潮社）

梯久美子さんの圧倒的筆力でページをめくる手が止まりませんでした。人と縁を結ぶことの怖ろしさを感じた本です。（昔の）小説家の妻になることは、なんと過酷なことなのだろう。そう生きるしかなかったミホの背景に、当時の女性の立場の弱さがあったことを深く感じましたし、彼女がもし作品を多く残していたら、もっと違う人生を生きられたのではないかとも。時代によって、男によって、「自由に書くことのできなかった女たち」がたくさんいたことを強く感じた一冊です。

佐川：この数ヶ月、杉浦日向子さんの本で夜ふかしをしています。

中村：学生の時、ある女性の部屋に初めて行ったのに、持っていたドストエフスキーの『悪霊』の続きが気になり、ずっと読んでしまったことがあります。その女性とは何もなかった。我ながら最悪だと思う。

山崎：京極夏彦さんの『百鬼夜行シリーズ』は読み始めると止まらなくて、高校時代に寝ないでページをめくりました。「早く先を読みたい」

という気持ちが自分の中に湧き上がるのは宝物ですね。今もいろいろな作家の本を読みますが、現代の読書は、シリーズの次の作品だとか、文庫化だとか、新訳だとか、電子書籍化だとか、新装版だとか、そして新作だとか……「待ち望むこと」がいっぱいあって生きるのが楽しくなりますね。また、同時代の作家を追いかけ、年齢によって、社会の変遷によって、書くものが変わっていくのを眺めていると、この時代を生きられて良かったな、としみじみします。

初出　中日新聞／東京新聞（二〇一五年五月十一日～七月三十一日夕刊）

本書は、単行本『きみに贈る本』として二〇一六年五月に中央公論新社より刊行されました。文庫化にあたり、『夜ふかしの本棚』と改題し、加筆修正の上、章立てを変更しました。

中公文庫

夜《よ》ふかしの本棚《ほんだな》

2020年10月25日　初版発行

著　者　朝《あさ》井《い》リョウ／円《えん》　城《じょう》　塔《とう》
　　　　窪《くぼ》　美《み》　澄《すみ》／佐《さ》川《がわ》　光《みつ》晴《はる》
　　　　中《なか》村《むら》　文《ふみ》則《のり》／山崎《やまざき》ナオコーラ

発行者　松田 陽三

発行所　中央公論新社
〒100-8152　東京都千代田区大手町1-7-1
電話　販売 03-5299-1730　編集 03-5299-1890
URL http://www.chuko.co.jp/

ＤＴＰ　平面惑星
印　刷　三晃印刷
製　本　小泉製本

Published by CHUOKORON-SHINSHA, INC.
Printed in Japan　ISBN978-4-12-206972-5 C1195